DOM JUAN
ou
Le Festin de pierre

MOLIÈRE

Dom Juan

ou

Le Festin de pierre

Comédie

1665

PRÉFACE, NOTES ET COMMENTAIRES DE JEAN-PIERRE COLLINET

LE LIVRE DE POCHE
Théâtre

Texte conforme à l'édition des Grands Écrivains de la France.

ISBN : 978-2-253-03787-3 - 1re publication - LGF

PRÉFACE

Quand Molière s'empare du sujet, le personnage de Dom Juan a déjà beaucoup servi, bien qu'il n'existe guère, au théâtre, que depuis quatre décennies. Il est apparu naturellement pour la première fois sur la scène en Espagne, sa patrie, dans une *comedia* en trois « journées », composée par Tirso de Molina (d'autres l'attribuent toutefois à Claramonte), *El Burlador de Sevilla* (« Le Trompeur de » Séville). Dans ce prototype de tous les *Festin de pierre* ultérieurs, le protagoniste mène une vie dissipée, mais il ne se révolte pas encore contre la religion : il ne se damne que pour n'avoir pas changé de conduite assez tôt, en dépit des avertissements qu'on lui prodigue tout au long de la pièce : leçon sérieuse, qui mérite d'être méditée ; la tonalité de l'œuvre s'en ressent.

Une vingtaine d'années plus tard, la comédie pénètre en Italie. Acoquinée avec la *commedia dell'arte*, elle subit alors de notables changements. Elle suscite, outre différents canevas pour les troupes qui la jouent « à l'improvisade », un couple de *commedias* : l'une, de Giliberto, n'est point parvenue jusqu'à nous, mais nous possédons le texte de l'autre, qu'avait composée Cicognini, la réduisant à trois actes. On y constate une double évolution : tout y devenait plus gai, grâce aux lazzis des valets, en même temps que le jeune gentilhomme débauché se muait en franc scélérat que n'effrayait plus l'impiété.

La France, environ deux autres dizaines d'ans après, le reçoit sous cette nouvelle apparence : l'original espagnol est oublié, voire ignoré : le Dom Juan italianisé forme écran et sépare de lui les Français. On ne tarde pas à l'accueillir avec d'autant plus d'empressement que se développe, dans l'entourage du jeune Louis XIV, un climat de libre galanterie dont s'inquiètent, autour de la reine-mère, Anne d'Autriche, toutes les têtes du parti dévot. Cette vogue du personnage se traduit par l'empressement que les troupes théâtrales existant à cette époque montrent à représenter chacune son *Festin de pierre*.

L'épidémie débute à Lyon, par où transite alors tout ce qui vient d'au-delà des Alpes, avec les cinq actes en vers qu'a rimés Dorimon, et qui sont joués pour la première fois vers la fin de 1658, peu après le dernier séjour dans cette ville de Molière et de ses camarades, par des comédiens que subventionne la Grande Mademoiselle. La pièce, imprimée l'année suivante, sera reprise par eux à Paris en 1661, rue des Quatre-Vents. Acteur de profession, l'auteur y tient son rôle, en province comme dans la capitale. Le *Dom Juan* de Molière lui devra l'essentiel de son intrigue, qu'il se contentera d'agencer différemment. Dans l'intervalle, de son côté, l'Hôtel de Bourgogne aura mis à l'affiche une tragi-comédie en vers sur le même sujet, que de Villiers, membre de la troupe, avait traduite de l'italien, qui fut créée en 1661 et parut en librairie l'année suivante. Molière ne se privera pas d'y puiser aussi, selon ses besoins.

On s'étonne moins qu'il ait voulu prendre part à cette espèce de compétition entre les *Festin de pierre*, quand on se souvient qu'au Petit-Bourbon, puis au Palais-Royal, dont il partageait les salles avec les Comédiens Italiens, ils représentaient avec un vif succès leur *Convitato di pietra*, surtout après que les

eut rejoints, en 1662, Domenico Biancolelli, prodi-
gieux Arlequin, qui s'y taillait un triomphe.

La série n'est pas close après la pièce de Molière :
en 1669, le Théâtre du Marais se décide à son tour à
représenter un *Nouveau Festin de pierre* en vers, écrit
une fois de plus par un acteur de la troupe, qui joue
sous le pseudonyme de Rosimond ; sa tragi-comédie,
créée à la fin de l'année, est publiée dans le cours de
la suivante. Elle exigeait une mise en scène à grand
spectacle à quoi le plateau, bien équipé, se prêtait :
les pièces à machines étaient devenues la spécialité de
ce théâtre.

Enfin, quatre années après la mort de Molière, sa
veuve et l'héritière de ses droits, Armande Béjart, passée du Palais-Royal à l'Hôtel Guénégaud, en accord
avec ses partenaires, obtiendra de Thomas Corneille,
moyennant une forte somme, qu'il accepte de substituer au *Dom Juan* écrit en prose par son défunt
époux, une adaptation versifiée de cette pièce, tâche
dont il ne s'acquittera pas sans adresse, mais non sans
introduire assez de modifications pour qu'on puisse
considérer son ouvrage comme une version autonome
plutôt que pour une copie fidèle, à la mise en vers
près.

Sur la date à laquelle vint à Molière l'idée et l'envie
d'écrire un *Dom Juan*, il faut avouer qu'on ne sait
rien. On a cru longtemps qu'il avait travaillé vite pour
combler le vide creusé dans le programme de sa
troupe par l'interdiction du *Tartuffe* en mai 1664.
L'intercalation d'une pièce en prose entre cette dernière œuvre et *Le Misanthrope*, en chantier déjà mais
encore inachevé, rendait plausible cette supposition.
La conversion-surprise du libertin récalcitrant à l'hypocrisie dévote et l'importance inattendue qu'elle
prend au début du cinquième acte corroboraient
l'idée d'une filiation directe entre l'imposteur de
l'œuvre précédente et le libertin de celle-ci. Cette

conjecture était renforcée par la parenté non moins évidente que Dom Juan présentait avec une Célimène au charme irrésistible qui lui valait assez de conquêtes pour servir de pendant féminin à celles du séducteur : les trois chefs-d'œuvre pouvaient sembler former une manière de trilogie liée, où *Le Festin de pierre* occupait la place médiane. L'emploi de la prose au lieu de l'alexandrin paraissait trahir la même hâte, mais causée par d'autres motifs, que pour *La Princesse d'Élide*, où, quelques mois plus tôt, le temps avait manqué pour que la mise en vers allât plus avant que le début du deuxième acte, ou plus tard pour *Psyché*, dont Pierre Corneille fut chargé par Molière de rimer près de quatre actes.

Mais la découverte récente d'un acte notarié signé dès le 3 décembre 1664, alors que la pièce ne devait être créée qu'après plus d'un trimestre, incite à supposer que l'élaboration doit avoir été moins précipitée, comme sa gestation plus lente qu'on ne se l'était imaginé. Ce document, un devis demandé pour les décors à des artisans et signé, donc accepté par Molière et quatre comédiens de sa troupe atteste que, dès cette époque, la rédaction de la pièce nouvelle était assez avancée, sinon terminée, pour qu'on envisageât de la monter bientôt et de la mettre en répétitions. Molière, par conséquent ne s'est pas mis à la dernière minute et presque en catastrophe à sa composition. Faut-il aller plus loin, et se demander s'il n'y songeait pas depuis longtemps ? Rien, à la vérité, ne l'y prédisposait. Il avait mieux aimé, jusqu'alors, exploiter la veine comique du cocuage et de la jalousie, justifiée ou non, que prendre comme protagoniste un bourreau des cœurs qui se sait la coqueluche des femmes. Il en avait si bien pris le pli, que, cette fois même encore, il ne montre le séducteur que comiquement interrompu dans ses entreprises et toujours trompé dans son attente, sans du reste en souf-

frir, tant son humeur volage le porte à tenter
constamment de nouvelles aventures.

Mais qui sait s'il n'a pas appris, avant de quitter
Lyon, que chez d'autres comédiens se préparait un
certain *Festin de pierre*, si cette information n'a pas
suscité le premier germe de sa curiosité puis de son
intérêt pour Dom Juan et si de retrouver à Paris deux
ou trois ans plus tard Dorimon reprenant sa pièce ne
l'a pas confirmé dans l'intention de s'en approprier
un jour le sujet ? À supposer qu'il en soit bien allé de
la sorte, la version qu'en proposa ce de Villiers dont
il devait parodier la diction dans son *Impromptu de
Versailles* ne pouvait échapper à son attention, et dut
le confirmer dans son désir de « doubler », comme
cela se pratiquait couramment à l'époque, la pièce
jouée à l'Hôtel de Bourgogne par ses concurrents,
mués depuis *L'École des femmes* en ses adversaires, par
la mise à l'affiche du Palais-Royal, sous le même titre,
et sur la même donnée, d'une adaptation plus vigoureuse, profonde et personnelle que celles de ses deux
devanciers. À ces incitations, s'en ajoutait encore une
autre plus pressante, parce que plus immédiate : les
Comédiens Italiens, qui jouaient en alternance avec
lui sur la scène de son théâtre, attiraient du monde
avec leur scénario sur *L'Invité de pierre*, où brillait
l'Arlequin « Dominique » : défi stimulant, à relever
avec d'autres armes, pour son propre personnage de
Sganarelle.

Tout se conjurait donc pour le convaincre de traiter
un sujet qui, pour lui, pouvait paraître inhabituel et
même, dans une certaine mesure insolite, jusqu'à l'air
du temps : pendant qu'il y travaillait, La Fontaine,
pour sa part, son thuriféraire dès l'époque des
Fâcheux, n'allait-il pas obtenir un retentissant succès
de conteur, avec sa nouvelle de *Joconde*, empruntée
au *Roland furieux*, qui s'égayait aux dépens de deux
maris trompés, mais devenus, pour se venger de leurs

infidèles épouses, un couple d'apprentis don juans volant d'abord d'une conquête à l'autre, avant de se voir berner par un tendron moins innocent qu'ils ne le croyaient et dont ils se partageaient les faveurs. Pour mieux souligner la référence à Dom Juan, le poète ne les avait pas laissés courir les aventures sans qu'ils se fussent munis d'un « livre blanc » — un album — où seraient enregistrés les noms de leurs victimes, comme sur la longue liste, remontant à Cicognini, que, traditionnellement, dans la *commedia dell'arte*, le valet du débauché déroulait depuis la scène jusqu'à la salle.

Les éléments principaux de l'intrigue sont désormais trop connus pour qu'on s'en écarte sans risquer de déconcerter, dérouter et décevoir. Aussi n'est-on pas surpris de retrouver dans la pièce de Molière les mêmes à peu près que chez Dorimon ou de Villiers. Il n'ajoute guère, de son cru, que la scène où paraît Monsieur Dimanche. Il ne plagie pas, on s'en doute, ses prédécesseurs, mais réorganise et recrée ce qu'il tient d'eux, avec bien plus de maîtrise dans le dessin, de fermeté dans la touche et le trait, de sûreté dans l'art de conduire l'action à son inévitable but. Il donne à ses figures ce puissant relief et cette épaisseur d'humanité vraie qu'on chercherait en vain dans les versions françaises de la légende antérieure à la sienne. Du maître et du valet, il forme un couple indissociable, où chacun des deux sert à l'autre en même temps de faire-valoir, par le contraste de leurs caractères autant que de leurs conditions, et de repoussoir dans les joutes verbales qui les affrontent. Ils se percent mutuellement à jour, mais, tandis que Dom Juan lit à livre ouvert dans la sotte naïveté de Sganarelle, il s'enveloppe lui-même dans un mystère qui suscite chez son serviteur une sorte de terreur révérentielle et d'admiration mêlée de répulsion réprobatrice. Domestique, il aspire — en vain — au

rôle de précepteur et de catéchiste, mais y parvient si
mal qu'il en devient comique et touchant. Il s'entête
à vouloir convaincre un être de fuite, sur lequel il ne
comprend pas que rien ni personne, jamais, ne trouvera réellement de prise.

L'audace de la pièce réside en une modernité dont
on ne prend pleinement conscience que lorsqu'on la
confronte non aux sources dont elle dérive — tâche
assez vaine — mais aux œuvres à venir qu'elle
annonce et dont elle semble rétrospectivement conte-
nir le germe. Elvire préfigure la toute proche religieuse portugaise de Guilleragues (1669), et ses
tirades, aussi bien ou mieux même qu'à la scène,
pourraient prendre place dans un roman par lettres.
Non moins passionnément revendicatrice et vindica-
tive au début, elle se résigne mieux et plus vite au
renoncement que l'héroïne de Guilleragues, qui diffère d'elle en ce qu'elle ne s'est jamais abandonnée
jusqu'à se laisser enlever du cloître.

Sganarelle, de son côté, précède, maladroitement,
un Jacques le Fataliste à qui, chez Diderot, son interlocuteur se montrera bien inférieur en matière d'esprit :
mais, au siècle de Molière, l'heure des renversements
dans les hiérarchies sociales et des Figaros en service
chez les Almavivas n'est pas encore arrivée.

Dom Juan lui-même, s'il parle de son inconstance
et de ses conquêtes avec les grâces et la légèreté d'un
petit-maître (l'insatiabilité de ses désirs l'apparente-
rait presque au Chérubin de Beaumarchais), se targue
dans la suite du même couplet d'employer, pour
vaincre les résistances de ses proies, une stratégie qui,
bien qu'elle soit évoquée dans le langage de la galanterie précieuse, contient déjà tout ce que, dans *Les
Liaisons dangereuses* de Laclos, Valmont mettra plus
méthodiquement en œuvre pour séduire la vertueuse
présidente de Tourvel. On conçoit que les dévots,
détracteurs du *Tartuffe*, se soient à nouveau inquiétés.

Mais ils se sont trompés de cible, quand ils se sont indignés, comme Rochemont dans ses *Observations sur « Le Festin de pierre »*, au nom de la religion : cette pièce troublante contenait de plus redoutables ferments, dont on ne pouvait encore que très vaguement pressentir quelles graves menaces ils constituaient pour l'ordre moral et la paix sociale.

Il en résulte une pièce hybride, non point un « étrange monstre » à la manière de cette *Illusion* où Corneille imbrique et juxtapose, mais en des compartiments distincts, des fragments de pastorale, de comédie mi-sérieuse, mi-bouffonne et de drame, mais une pièce qui fond dans un mélange homogène la multiplicité des tons, un peu semblable à celui que La Fontaine, un lustre environ plus tard, tentera de réaliser dans ses *Amours de Psyché et de Cupidon*, une œuvre difficile à ranger dans une catégorie déterminée et ne se laissant classer dans aucun genre précis, plus classicisée dans une certaine mesure que les versions antérieures, mais débordant le cadre de la comédie proprement dite, pour tantôt s'infléchir presque jusqu'à la farce et s'élever tantôt assez pour confiner au registre du tragi-comique ou même toucher par moments au pathétique de la tragédie, sans que ces diparates soient perçues comme choquantes.

Molière tend bien à limiter le nombre des acteurs et des péripéties, à n'user que le plus sobrement possible du merveilleux et du surnaturel, à concentrer l'action dans l'espace et dans la durée, usant à cet effet de procédés tels que la relégation d'un long passé censé déjà révolu quand le rideau se lève, grâce à l'artifice d'un portrait du protagoniste dans la scène d'exposition, ou le refoulement dans la coulisse et pendant l'entracte d'un événement qui se produit au cours de la pièce, et que le spectateur n'apprend que par un récit tel que celui qui relate le sauvetage de Dom Juan et de son valet par Pierrot.

La donnée, trop touffue, se laisse malaisément réduire aux dimensions imposées par la règle des trois unités. Le lieu, dès *Le Burlador* de Tirso, oscillait de l'Italie à l'Espagne. Molière le ramène à de moindres proportions : chez lui, tout se passe dans une île, mais encore beaucoup trop vaste, si l'on songe que Corneille, se donnant l'enceinte d'une même ville pour limites, enfreignait déjà la stricte application de la loi. Point d'autre couleur locale que le jargon, d'ailleurs très artificiel, que parlent entre eux les paysans. À la place, un espace presque abstrait, aux limites indéterminées puisque le borne, d'un côté, une « Mer dangereuse », analogue à celle, symbolique, mise par Madeleine de Scudéry sur sa Carte de Tendre ; de l'autre, une forêt obscure, fertile en rencontres bonnes ou mauvaises, semblable à celle que doit traverser, dans son itinéraire initiatique le Poliphile du *Songe* allégorique imaginé par Francesco Colonna, tout aussi bien que les mystiques dans leur ascèse et leur quête spirituelle. Dom Juan et Sganarelle donnent l'impression constamment, mais jamais plus que dans l'acte médian de la pièce de cheminer entre deux abîmes.

Le temps aussi semble arrêté, bien que les événements se précipitent, avec une sorte d'accélération inéluctable. La durée, rythmée seulement par les repas et les voyages, se passe, pour tous les personnages, en attente d'ils ne savent quoi. Dom Juan, sans le savoir, attend déjà Godot, mais si ce dernier reste absent dans la pièce de Samuel Beckett, il ne se manifestera que trop tôt pour le personnage de Molière, qui se refuse obstinément à croire qu'il existe un Juge à qui rien n'échappe et prêt à le condamner. Le temps se trouve moins condensé en l'espace d'une journée, à la rigueur, pour les quatre premiers actes, et du lendemain pour le cinquième, qu'aboli, tant il est laissé dans une quasi totale indétermination.

L'action n'est pas non plus parfaitement unifiée :

aussi bien le caractère volage du protagoniste interdirait toute velléité de la réduire à la simplicité. L'intrigue, cependant, ne compte que deux fils principaux et, sur ce point, marque un progrès sensible, quand on compare cette économie de moyens à la luxuriante complexité des péripéties dans les versions antérieures du sujet. Le premier concerne Elvire, et le second le Commandeur. Indépendants l'un de l'autre, ils s'entrelacent moins qu'ils ne se succèdent, sans jamais se nouer que par un lien qui reste assez lâche. De l'amour, presque seul en cause dans le premier versant de la pièce, mais qui ne réserve déjà plus à Dom Juan que des fiascos, on passe à la mort, dont l'imminence, dans le second, devient jusqu'au dénouement toujours plus obsédante : bipolarité d'une pièce conçue comme une sorte de diptyque aux volets symétriques et contrastés, construite suivant une courbe qui culmine en sa partie centrale. Le deuxième acte greffe, épisodique, mais quasiment obligatoire, car de tradition dans la donnée, l'idylle avec les deux paysannes, qui tourne court, traitée sur le mode rustique en opéra-ballet parlé. Dans le quatrième, lui sert de pendant l'intermède où maître et valet éludent, l'un avec élégance, l'autre plus brutalement, le paiement de leur tailleur : autre chorégraphie mais plus brève, de paroles et de gestes.

Le savant équilibre d'ensemble apparaît avec évidence quand on compare, au début, la tirade où le jeune libertin célèbre les charmes de l'inconstance et celle, près de la fin, où sont détaillés par lui les avantages de l'hypocrisie religieuse : à sa déclaration d'indépendance en amour s'ajoute sa profession d'incroyance en matière de foi, double face d'un personnage infidèle à tout, sauf à cette duplicité chez lui fondamentale. En son passage d'une attitude à l'autre se résume toute son évolution qui, par cette aggravation de perversité le condamne à terminer sa vie dans l'impénitence finale.

« Diversité, c'est ma devise », pourrait-il dire, avant La Fontaine dans son conte de *Pâté d'anguille* : sans elle Dom Juan s'ennuie ; il lui « faut du nouveau, n'en fût-il point au monde », comme à l'Apollon du fabuliste dans sa comédie de *Clymène* : voilà sans doute la clé du personnage et de son caractère. Elle émane si bien de lui qu'elle se répand sur toute la pièce. Mais il s'agit d'une diversité parfaitement contrôlée et maîtrisée par Molière, comme en témoigne le riche éventail des tons qui va du réalisme stylisé qui convient pour les paysans jusqu'à la plus noble ou plus délicate éloquence. Et tout, ici, s'harmonise sans heurt, grâce à la plasticité de la prose. L'emploi du vers n'aurait pas permis une telle souplesse : imagine-t-on le récit de Pierrot en alexandrins ?

Qu'importe, après tout, qu'une œuvre de ce type ne se plie pas strictement aux préceptes étroits édictés par les théoriciens du théâtre classique ? Une régularité plus parfaite se fût trouvée en discordance avec son personnage principal. Variation brillante sur un thème déjà très usé, cette recréation audacieuse n'en correspondait que mieux à l'esprit même du classicisme français, dont le principe essentiel se ramène à l'originalité dans l'imitation. *Dom Juan* n'allait pourtant connaître à la scène qu'une courte carrière, et disparaître pour longtemps, éclipsé par *Le Tartuffe* et *Le Misanthrope*. Il allait en arriver de lui un peu comme de *Psyché* pour La Fontaine, plus fraîchement accueillie dans sa nouveauté que l'avait été la comédie de Molière, mais restée pendant près de deux siècles un peu dédaignée et presque oubliée au profit des *Contes* et surtout des *Fables*, avant qu'on ne se décide à lui rendre la justice qu'elle mérite et qu'on la salue, de plus en plus, comme un chef-d'œuvre. L'analogie de leur destin s'explique aisément : leurs auteurs ont délaissé les vers pour la prose. Ils n'ont pas craint de traiter une donnée que tant d'autres avaient exploitée déjà, ni surtout d'en proposer une adaptation dans laquelle ils ont voulu mettre le meilleur et le plus secret peut-être d'eux-mêmes. Le texte de *Psyché* comme celui de *Dom Juan* émanent d'écrivains en quête d'un « tempérament » ou d'un style qui leur permette d'amalgamer sans disparate les tonalités les plus diverses, ainsi qu'il convient quand on médite sur la dialectique d'Éros et de Thanatos. Le Gélaste qui, dans le récit-cadre de *Psyché*, se promène avec Ariste, Acante et Poliphile, ne représente pas nécessairement Molière, ainsi qu'un peu trop à la légère on avait pu se croire en droit de le supposer. Mais on incline davantage à le penser, quand on considère à quel point la comédie de *Dom Juan* et la « fable contée en prose » par le poète, bien qu'elles ne paraissent guère se ressembler, relèvent d'une esthétique similaire. Venues trop tôt, elles ont attendu dans l'ombre une résurrection qui paraissait toujours plus improbable, mais en sont dédommagées par une réhabilitation légitime, d'autant plus éclatante que tardive.

La pièce achevée, il fallut la représenter. Par l'acte déjà mentionné du 3 décembre 1664, on sait que les peintres Jean Simon et Pierre Prat avaient reçu commande pour six décors dont le devis avait été ratifié par Molière, La Grange, qui, croit-on selon toute vraisemblance, devait tenir à la création le rôle-titre, Du Croisy, Hubert et La Thorillière, tous comédiens de la troupe. Étaient prévus, pour le premier acte, l'intérieur d'« un palais », donnant sur un « jardin » ; pour le deuxième, « un hameau de verdure », ainsi qu'« une grotte » à travers laquelle on pût apercevoir « la mer » ; pour le suivant « une forêt », où l'on discernait en éloignement « une manière de temple entouré de verdure », puis le dedans « du même temple » ; pour le

quatrième « une chambre » et pour le dernier « une ville » dont on pouvait voir en peinture une porte.

Le détail de leur dispositif, minutieusement exa-
miné par Christian Delmas, l'a conduit à la conclusion que l'acte médian devait se diviser en deux
tableaux distincts, dont le second serait constitué uni-
quement par la septième et dernière scène de l'acte.
Hypothèse qui semble s'imposer si l'on se fie au devis,
mais qui s'accorde plus malaisément avec la didasca-
lie mise en cet endroit dans l'édition publiée de la
pièce en 1682, puisqu'elle précise que « Le tombeau
s'ouvre, où l'on voit un superbe mausolée et le tombeau du Commandeur. » On imagine mal, cependant,
puisque le « temple fermé » ne paraît qu'au bout d'une
longue perspective et rapetissé par la distance,
comment Sganarelle et son maître pourraient entrer
« dedans ». Mieux vaut donc supposer que le décor
change « à vue » ou moyennant une courte interruption de la représentation pour permettre à la statue
du Commandeur de prendre place sur la scène. Rien
ne prouve, au surplus, que le devis n'a pas subi de
modification en cours d'exécution ou même par la
suite, au moment des ultimes répétitions. On connaît
mieux la mise en scène de *Dom Juan* grâce à cette
précieuse relique, dont on regrette que, sur quelques
points importants et délicats, elle satisfasse moins
notre curiosité qu'elle ne l'attise.

La pièce fut représentée pour la première fois le
dimanche 15 février 1665. Molière n'avait pas
négligé, pour s'attirer les spectateurs, d'admettre aux
répétitions quelques privilégiés, qui n'avaient pas
manqué d'éveiller autour d'eux la curiosité pour
l'œuvre nouvelle. La veille même de la création, Jean
Loret, le gazetier de *La Muse historique*, dans sa lettre
hebdomadaire en vers à la duchesse de Nemours
(dont le décès du journaliste devait interrompre la
publication un mois et demi plus tard) l'avait annon-

cée comme imminente. Dans un long entrefilet, il rappelait d'entrée qu'elle reprend un sujet déjà souvent traité, n'oubliant pas de mentionner son récent succès, obtenu par le *Convitato di pietra* grâce à Dominique Biancolelli :

> L'effroyable *Festin de Pierre*,
> Si fameux par toute la terre,
> Et qui réussissait si bien
> Sur le théâtre italien,
> Va commencer, l'autre semaine
> À paraître sur notre scène.

« Sujet admirable », dont seraient ravis ceux qui ne manqueraient pas de s'y précipiter, édifiant au surplus et

> capable,
> Par ses beaux discours, de toucher
> Les cœurs de bronze ou de rocher.

Il signalait ensuite l'amalgame entre la gravité d'une intrigue intensément dramatique, et les traits plaisants dont cette comédie reste d'un bout à l'autre semée :

> Car le rare esprit de Molière
> L'a traité de telle manière
> Que les gens qui sont curieux
> Du solide et beau sérieux
> S'il est vrai ce que l'on en conte,
> Sans doute y trouveront leur compte ;
> Et touchant le style enjoué,
> Plusieurs, déjà, m'ont avoué
> Qu'il est fin, à son ordinaire,
> Et d'un singulier caractère.

Réclame en octosyllabes de mirliton, mais, par antici-
pation, critique si pertinente, qu'on se demande
presque si, plutôt que par de bénévoles informateurs,
elle n'aurait pas été suggérée par Molière lui-même.

L'interprétation n'est pas oubliée, mais sans indication précise sur la distribution des rôles :

> Les actrices et les acteurs,
> Pour mieux charmer les auditeurs,
> Et plaire aux subtiles oreilles,
> Y feront, dit-on, des merveilles ;
> C'est ce que nous viennent conter
> Ceux qui les ont vus répéter.

Reste encore à mentionner les machines, destinées à
l'émerveillement des yeux, et que Loret gardait en
réserve, pour clore son dithyrambe publicitaire sur
une sorte de bouquet final :

> Tous les changements de théâtre,
> Dont le bourgeois est idolâtre,
> Selon le discours qu'on en fait,
> Feront un surprenant effet.

Le gazetier n'en parle que par ouï-dire. Il dégage prudemment et plaisamment sa responsabilité, pour
mieux donner l'envie à ses lecteurs d'aller en foule
vérifier ses dires :

> Mais je ne suis pas un oracle,
> Et n'ayant pas vu ce spectacle,
> Que sais-je moi ? Je puis errer :
> Ainsi pour mieux s'en assurer,
> Soit aux jours gras, soit en carême,
> Que chacun l'aille voir soi-même.

Observons, au passage, qu'il annonce à l'avance exactement la durée des représentations, qui n'iront que jusqu'à la semaine sainte, pendant laquelle sont fermés les théâtres. Molière aurait-il pris déjà la décision de n'en donner qu'une série limitée, sans intention de la prolonger par la suite ? On l'ignore, mais il se pourrait. En tout cas, quand reprirent les spectacles, vers le milieu du mois d'avril, *Dom Juan* ne reparut pas. Molière s'était battu pour son *Tartuffe* et restait décidé fermement à continuer. Pour son *Festin de pierre*, il n'insista pas, préférant sans doute le sacrifier plutôt que de compromettre la levée de l'interdiction dont restait frappée l'œuvre litigieuse pour laquelle depuis un an déjà il avait tenu tête et lutté. Jamais encore, pourtant, la troupe n'avait encaissé de pareilles recettes. Tombées à cent douze livres le 30 janvier, puis à deux cent cinquante-huit le 1er février, pour *L'École des maris* accompagnée des *Fâcheux*, elles avaient bondi jusqu'à dix-huit cent trente le jour de la création pour s'élever à deux mille trois cent quatre-vingt-dix le 24, et se maintinrent à ce niveau très élevé, sans descendre plus bas que mille sept cents livres (le 20 février), avant de fléchir un peu davantage à partir du 1er mars. Sans doute, pour amortir les frais (les décors seuls avaient coûté neuf cents livres, payables en trois fois), avait-on, conformément aux usages de l'époque, doublé le prix des places aux représentations des premiers jours. En tout cas, à dater de la dixième, donnée le 9 mars, la recette tombe au-dessous des mille livres. Elle remonte, le 13 mars à neuf cent huit livres, pour descendre à cinq cents lors de la dernière, le 20. La pièce n'en avait pas moins rapporté plus que nulle de celles qui l'avaient précédée. Elle pouvait encore tenir honorablement l'affiche. Elle en fut néanmoins retirée, pour ne plus être jouée dans la huitaine d'années qui restaient de vie à Molière, ni longtemps après sa mort.

Que s'était-il passé ? On ne le sait pas au juste. Rien
de précis peut-être. Si des pressions furent exercées
sur Molière, elles sont demeurées discrètes, et n'ont
pas laissé de traces. Dès la deuxième représentation,
il dut modifier la scène — capitale — du pauvre et
l'écourter. Un sonnet manuscrit courut bientôt contre
lui, témoignant de la virulence avec laquelle ses ennemis, qui ne désarmaient pas, s'en prenaient à son *Festin de pierre*. « Tout Paris », à croire l'auteur anonyme
qui l'a mis en circulation « s'entretient du crime de
Molière », qu'on propose d'étouffer comme « un
infâme bouquin », de fustiger à « coups d'étrivières »,
de ligoter puis de jeter au fond de la Seine, avec tous
les acteurs de la troupe italienne et surtout Biancolelli, si l'on ne préfère lui crever les yeux, l'enfermer
dans un cachot où, comme à Prométhée, un vautour
lui rongerait le foie, « Pour montrer aux impies à se
moquer de Dieu. » Fureur tellement excessive qu'on
la croirait volontiers moins sérieuse que parodique et
gouailleuse.

Le réquisitoire d'un certain « B.A. », sieur de
Rochemont, avocat en Parlement, dont l'identifica-
tion demeure incertaine, mérite davantage de retenir
l'attention. Lorsque ses *Observations sur une comédie
de Molière intitulée « Le Festin de Pierre »* s'impriment,
avec une permission obtenue le 10 mai, *Dom Juan*,
depuis près de deux mois, ne se joue déjà plus : elles
paraissent un peu tard, mais l'auteur, qui se pose en
porte-parole de tous les dévots et les bien-pensants,
n'en peut que mieux prendre du recul avec « cette
pièce qui a fait tant de bruit dans Paris et causé un
scandale si public ». Il se veut, pour Molière, équi-
table et modéré, mais l'indignation l'emporte ; il
dénonce « la hardiesse d'un farceur qui fait plaisante-
rie de la religion, qui tient école du libertinage, et qui
rend la majesté de Dieu le jouet [...] d'un athée qui

s'en rit, et d'un valet, plus impie que son maître, qui en fait rire les autres. »

On voit le ton : tranchant, injurieux, proche de l'invective. Mais que vaut la démonstration ? Prolongeant la querelle suscitée par *L'École des femmes* puis par *Le Tartuffe*, elle se fonde sur le postulat paradoxal que dans cette dernière pièce l'hypocrisie, dans *Dom Juan* l'impiété, dénoncées en apparence par Molière, doit être cherchée moins chez ses personnages, dont il s'est d'ailleurs bien gardé d'interpréter le rôle en personne, que, plus sournoisement, chez l'auteur lui-même. Le « grand seigneur méchant homme » apparaît corrompu jusqu'à la moelle, mais derrière lui se dissimule en celui qui le porte à la scène un corrupteur insidieux et par là même plus dangereux. S'il existe en religion de faux-monnayeurs, comme le rappelait dans son *Tartuffe* un Cléante introduit là pour y servir de raisonneur, peut-on nier qu'il possède lui-même l'adresse ou le bonheur de débiter avec succès « sa fausse monnaie et de duper tout Paris avec de mauvaises pièces » ? Point d'autre « Tartuffe achevé », ni de « véritable hypocrite » que lui, dont le dessein consiste, si celui « de la comédie est de corriger les hommes en les divertissant », ainsi que le prétend un de ses placets, à « les perdre en les faisant rire ».

On s'est demandé d'où pouvait émaner une telle critique. De Port-Royal, si les initiales « B.A. » doivent désigner, comme il reste possible, mais peu certain, le polémiste Barbier d'Aucour ? Ou, comme incline à le croire Georges Couton, d'un pamphlétaire appartenant à l'entourage de Conti, prince du sang, ancien frondeur et débauché notoire, protecteur de Molière en Languedoc mais devenu pour le théâtre un adversaire implacable après sa conversion, de sorte qu'on pourrait supposer sans invraisemblance que Molière l'a pris pour modèle de son Dom Juan ? Mais il est permis d'incliner à penser, tant l'auteur des *Observa-*

tions se réfère avec une complaisance évidente, tout au long de son opuscule, à la reine-mère, qu'il se rattache plus simplement au parti dévot que forme la vieille Cour et qui se groupe autour d'Anne d'Autriche, blâmant les galanteries et les dissipations du jeune Louis XIV, dont la conduite autorisait par son exemple à s'émanciper, parmi les courtisans, une génération montante affamée de plaisirs et très impatiente de secouer tous les jougs.

Parmi différents indices qui plaident en faveur de cette hypothèse, l'un des plus probants, semble-t-il, consiste en ceci : quand « B.A. » rappelle, à propos de Dom Juan, « que l'on ne tombe pas tout d'un coup dans l'athéisme », car « on ne descend que par degrés dans cet abîme ; on n'y va que par une longue suite de vices et que par un enchaînement de mauvaises actions, qui mènent de l'une à l'autre », il ne tient pas, l'éloquence en moins, un autre langage que Bossuet, dont on sait les liens avec la Compagnie du Saint-Sacrement et la cabale des dévots et qui, prêchant le Carême de 1665 devant la Cour à Saint-Thomas-du-Louvre et prenant pour thème l'amour des plaisirs, prononçait en chaire ces phrases, le jour même (9 mars) et peut-être, si, comme il est permis de le penser, on allait au sermon dans le cours de l'après-midi, en même temps que se donnait non loin de là, sur la scène du Palais-Royal, pour la dixième fois, le *Dom Juan* de Molière :

> Quand j'entends les voluptueux dans le livre de la Sapience, je ne vois rien de plus agréable et de plus riant. Ils ne parlent que de festins, que de danses, que de fleurs, que de passe-temps [...] Ils invitent tout le monde à leur bonne chère [...] Que leurs paroles sont douces ! que leur bonne humeur est enjouée ! Mais, [...] si vous laissez pousser cette malheureuse racine, les épines sortiront bientôt. Car écoutez la suite de leurs discours, et vous les verrez résolus à opprimer

le juste qui les contredit, à réparer par des pilleries ce qu'ils ont dissipé par leurs débauches : « opprimons, ajoutent-ils, le juste et le pauvre, ne pardonnons point ni à la veuve ni à l'orphelin ». Quel est ce soudain changement ? et qui aurait jamais attendu d'une douceur si plaisante une cruauté si impitoyable ? C'est en effet, Chrétiens, que l'âme, s'étant une fois éloignée de Dieu, fait de terribles progrès dans ce malheureux voyage. Le principe de toute droiture, c'est-à-dire la crainte de Dieu, s'étant affaibli, elle n'a plus de force ni de résistance ; elle s'abandonne peu à peu, et tombe d'excès en excès, de désordre en désordre.

Quel meilleur et plus pénétrant commentaire saurait-on imaginer sur la pièce de Molière ! et quel éclairage ne jette point sur elle une telle analyse ! Le passage ne se référerait-il pas, sans le dire explicitement, à cette comédie nouvelle, dont on parle tant ? On est porté fortement à croire que le futur évêque de Meaux n'est pas, dans l'ombre, demeuré totalement à l'écart des manœuvres et démarches qui, dix jours plus tard, durent ou du moins purent amener Molière à saborder son *Festin de pierre*.

Combien, en comparaison, les attaques de Rochemont paraissent mesquines et dictées par un fanatisme obtus ! Il ne résume pourtant pas sans vigueur ni sans un semblant de clairvoyance tout ce qui scandalise, dans une « pièce [...] remplie », à ses dires, « de crimes ». Il en dresse l'inventaire, qui se subdivise en trois actes d'accusation. Voici pour le maître : une religieuse débauchée, et dont est rendue publique la prostitution ; un pauvre à qui l'on donne l'aumône, sous la condition qu'il renie Dieu ; un libertin qui séduit autant de filles qu'il en rencontre ; un enfant qui se moque de son père et qui souhaite sa mort ; un impie qui raille le Ciel et se rit de ses foudres ; un athée qui réduit toute la foi à *deux et deux sont quatre* ». Ensuite pour le valet :

> Un extravagant qui raisonne grotesquement de Dieu,
> et qui, par une chute affectée, casse le nez à ses argu-
> ments ; un valet infâme, fait au badinage de son
> maître, dont toute la créance aboutit au Moine
> bourru [...] un démon qui se mêle dans toutes les
> scènes et qui répand sur le théâtre les plus noires
> fumées de l'Enfer.

Et pour comble :

> un Molière, pire que tout cela, habillé en Sganarelle,
> qui se moque de Dieu et du Diable, qui joue le Ciel
> et l'Enfer, qui souffle le chaud et le froid,

comme le « Passant » chez « le Satyre », dans la fable
de La Fontaine,

> qui confond la vertu et le vice, qui croit et ne croit
> pas, qui pleure et qui rit, qui reprend et qui approuve,
> qui est censeur et athée, qui est hypocrite et libertin,
> qui est homme et démon tout ensemble : un diable
> incarné, comme lui-même se définit.

À cette addition déjà lourde, s'ajoute encore, en guise
de dénouement, « un foudre imaginaire », aussi ridicule que celui de Jupiter, dont Tertullien « raille
agréablement », ainsi qu'une bravade ultime, contre
la justice divine, émanée d'un valet à l'âme « intéres-
sée » qui se lamente, floué, sur la perte de ses gages.

Véhément réquisitoire. Done Elvire, mariée en
secret, se conduit comme une épouse ulcérée, mais
indéfectiblement fidèle. À Charlotte et Mathurine,
plus chanceuses que leurs homologues des versions
antérieures, sont épargnées, contre leur gré, les ava-
nies à quoi les exposait leur imprudent aveuglement.
La partie incriminée, dans la scène du pauvre, contestée lors de la représentation initiale, a disparu dès la
suivante. La chute de Sganarelle, loin d'être voulue
par lui, n'est causée que par sa maladresse. Le ton

des *Observations*, d'abord neutre, ne cesse de monter :
la passion finit par entraîner l'accusateur, qui ne
contrôle plus ce qu'il dit et ne distingue pas nettement du personnage l'auteur qui l'incarne à la scène.
On croirait presque entendre à nouveau les furi-
bondes imprécations du curé Pierre Roullé, quand il
damnait de son autorité le peintre de Tartuffe : même
fanatisme, qui prend ici la forme d'une idée fixe et
d'une obsession, moins susceptibles d'inquiéter
sérieusement Molière que de nature à ridiculiser
Rochemont lui-même.

Sans craindre non plus de passer pour pédant, il
classe les « impies qui combattent la divinité » dans
quatre catégories : « les uns déclarés », « les autres
cachés » et seulement « dans le fond de leur cœur,
ceux « qui croient un Dieu par manière d'acquit »
mais, pour parler comme La Fontaine, sous bénéfice
d'inventaire, « et qui ne le craignent pas ». Les derniers enfin, « plus dangereux que tous les autres », qui
« ne défendent la religion que pour la détruire ou en
affaiblissant malicieusement les preuves ou en rava-
lant la dignité de ses mystères ». Fort de ces distinc-
tions, il s'emploie sans peine à trouver réunies dans
la pièce les quatre variétés d'incroyance, réparties
entre le maître, athée puisqu'il ne croit à rien, hypocrite parce qu'il décide, *in extremis*, de sauver les
apparences, et le valet, libertin en ce qu'il « a quelque
sentiment de Dieu », mais « point de respect pour ses
ordres ni de crainte pour ses foudres », et malicieux
car il « traite avec bassesse et en ridicule les choses
saintes ». Bref, « le maître attaque avec audace, et le
valet défend avec faiblesse ». Démonstration d'aspect
rigoureux et solidement carrée, mais où Pascal décè-
lerait de ces fausses fenêtres dénotant plus d'intérêt
pour une symétrie factice que pour la justesse et la
pénétration de l'analyse, et plus d'aptitude aux abs-

tractions de la géométrie qu'aux subtiles intuitions de la finesse.

Le libelle de Rochemont ne tarda pas à susciter deux répliques, publiées chez un même éditeur mais dues à deux auteurs différents, dont on ignore l'identité. La première, intitulée *Réponse aux Observations* [...], est signalée par le gazetier Charles Robinet, dans une « apostille » prolongeant sa lettre en vers à Madame datée du 9 août 1665, comme imprimée, à cette date, depuis une dizaine de jours, donc fin juillet. Œuvre d'un écrivain novice, elle ne mérite guère de retenir ici l'attention. Y sont repris l'un après l'autre, pour être réfutés, les principaux griefs énoncés par le détracteur de *Dom Juan*. La seconde, parue probablement au début d'août, « autant vigoureuse que belle », selon les termes employés par le continuateur de Loret quelques vers plus loin dans le même post-scriptum, offre plus d'intérêt. Elle se présente comme une *Lettre sur les Observations* [...] accompagnant un exemplaire de cet ouvrage, sur quoi son correspondant voulait connaître son avis. L'épistolier voit juste, quand il soupçonne que, sans *Le Tartuffe*, *Dom Juan* n'aurait pas été pris pour cible par les adversaires de Molière et que, par conséquent, la campagne de dénigrement systématique dirigée contre la plus récente de ces pièces ne doit être considérée que comme le rebondissement et la prolongation d'une même querelle : « À quoi songiez-vous, Molière, demande-t-il, quand vous fîtes dessein de jouer les Tartufles [*sic*] ? Si vous n'aviez jamais eu cette pensée, votre *Festin de pierre* ne serait pas si criminel. » Il remarquait avec bon sens que le credo du libertin, réduit à « deux et deux sont quatre, et quatre et quatre sont huit », ne permet pas d'en inférer obligatoirement un athéisme plus que suffisant pour attirer immédiatement sur lui « le foudre ». Il rend justice aux personnages féminins, de Done Elvire, qui « se repent de sa faute », « fait tout ce qu'elle peut pour obliger Dom Juan à se convertir », « ne paraît point sur le théâtre en pécheresse, mais en Madeleine pénitente », à Charlotte, « cette paysanne » qui, « pour être simple et civile, ne se laisse point surprendre », mais « se défend fortement et dit à Dom Juan qu'il faut se défier des beaux Monsieux », alors que les personnages équivalents des adaptations précédentes « ont de force ou de gré, pendant le cours de la pièce, perdu si visiblement leur honneur qu'on ne peut en douter ». Autant de mises au point pertinentes et modérées.

Débat intéressant, mais sur une pièce déjà défunte, et moins facile à tirer de la tombe que l'ombre du Commandeur... Pour achever de l'ensevelir dans l'oubli pendant près de deux siècles, il ne restait plus qu'à substituer à la prose de Molière les vers parfaitement aseptisés de Thomas Corneille en 1677, puis à la livrer cinq ans plus tard, dans une édition de ses *Œuvres*, sous une forme édulcorée par crainte d'une censure devenue encore plus pointilleuse, qui d'ailleurs ne manqua pas pour autant d'exiger davantage de coupures ou de modifications. Double attentat commis l'un par une veuve trop vite oublieuse de son premier mari, l'autre avec l'intention de sauver à tout le moins ce qui pouvait l'être de l'état originel, par le fidèle La Grange, interprète plausible du rôle-titre à la création et rédacteur ponctuel du précieux *Registre* auquel nous devons tant de renseignements sur la vie et les activités de la troupe.

Assez basse besogne, que ce que nous appellerions — fort mal ! — de nos jours le *remake* versifié d'un chef-d'œuvre. Tâche difficile aussi parce que le terrain demeurait glissant, si même il ne l'était devenu plus encore depuis douze ans. Du moins n'aurait-on pu la confier à plus habile faiseur que cet écrivain dont les pièces étaient très suivies par un public nombreux et mêlaient à des intrigues romanesques le pathétique des situations. La proposition ne l'avait peut-être séduit que médiocrement. Se mesurer avec Molière dans de telles conditions ne pouvait manquer de donner à réfléchir. Avec une prudence toute normande, dans l'avis au lecteur sur quoi s'ouvre, en 1681, l'édition de son *Festin de pierre,* pour se justifier de n'avoir pas décliné l'offre, il prendra la précaution d'expliquer qu'il ne pouvait pas la refuser, venant de personnes qui, dit-il, « ont tout pouvoir sur moi. » Les deux mille livres, à partager avec Armande Béjart en tant qu'héritière de son défunt mari, promises par la troupe de l'Hôtel Guénégaud, où jouaient désormais les comédiens du Palais-Royal, expulsés à la mort de Molière au profit de Lulli, ne durent pas peser pour un faible poids sur sa décision. Quittance leur en fut donnée le 5 juillet 1677 par une Armande nouvellement remariée, le 31 mai précédent, avec Guérin d'Estriché, lui-même acteur appartenant à leur compagnie : voilà Molière, à titre posthume, doublement cocufié, comme époux et comme auteur...

L'adaptation de Thomas Corneille avait été créée le 12 février précédent. Les douze cent soixante-treize livres qu'elle avait rapportées ce jour-là témoignent d'un accueil très encourageant. Cette représentation sera suivie de cinq autres les 14, 16, 28 de ce mois et le 2 du suivant. Les recettes atteignirent, le jour de la quatrième, quatorze cent dix-neuf livres, et ne descendirent jamais au-dessous de neuf cent quatre-vingt-quinze. Le succès se confirmait. La proclamation du jubilé l'interrompit. Mais elle reparut à l'affiche le 11 mai, pour six représentations, dont la dernière fut donnée le 1er juin. Elle fut reprise encore deux fois en décembre, devant des salles apparemment clairsemées : elle avait perdu l'attrait de la nouveauté. Sa carrière, pourtant, ne s'arrête pas là,

puisqu'elle allait rester presque deux siècles au répertoire.

Dans *Le Mercure Galant* de janvier-mars, Donneau
de Visé, qui s'occupait de cette revue avec la collabo-
ration de Thomas Corneille, s'était empressé de
signaler que la pièce était « à présent purgée » de tout
ce qui, en son premier état, blessait « la délicatesse
des scrupuleux ». Il n'hésitait pas à mettre la copie en
vers au-dessus de l'original en prose, puisque, sans
rien perdre de ses beautés, « elle en avait ajouté de
nouvelles ». Estimant s'être assez acquitté de ce qu'il
devait au « fameux Molière » par le recours à cette épi-
thète, il s'étendait complaisamment sur les mérites de
« M. Corneille le jeune », attribuant à sa « prudence »
les modifications qu'il avait introduites, et le louant
d'avoir su ne mettre « que des scènes agréables en la
place de celles qu'il avait retranchées ». Ainsi, la scène
du pauvre, entièrement supprimée, était remplacée
par un nouvel épisode, où Dom Juan rencontrait Léo-
nor, une ingénue de quatorze ans, que sa tante persé-
cute pour qu'elle entre au couvent, afin d'avantager
sa sœur, mais qui, n'étant pas attirée par le cloître, se
laisse assez facilement séduire par la perspective d'un
« mariage en secret » : pâle réplique de Charlotte et de
Done Elvire, dont elle apparaît comme une manière
de synthèse, dont s'encombre inutilement l'intrigue,
puisqu'elle n'ajoute rien d'essentiel au cours de l'action. Moins indispensables encore, la tante et la nour-
rice n'en paraîtront pas moins au cinquième acte :
adjonctions relativement minimes, qui, nuisibles
néanmoins, sous couleur de mieux respecter les
convenances, affaiblissent le modèle et l'affadissent,
le banalisent, le défigurent et le dénaturent. Du *Festin*
offert par Molière au spectateur, ne reste guère qu'un
brouet clair, qu'on met pourtant sous son nom
chaque fois que se joue cette médiocre adaptation,
ainsi que le spécifie Thomas Corneille à la fin de son

avertissement, lorsqu'elle fut imprimée. Cet honneur
lui revenait. Mais on n'aurait pas dû donner par là le
change au public, abuser de sa confiance et le tromper
sur la marchandise.

Le *Dom Juan* de Molière, en prose, était resté jusqu'alors inédit. Dès le 11 mars 1665, cependant, le
lendemain de la onzième réprésentation, le libraire
parisien Louis Billaine avait obtenu pour l'impression
de la pièce un privilège qui fut enregistré le 24 mai.
Le projet en demeura là. Le texte n'en parut pas avant
1682, date où La Grange et Vivot réunirent *Les
Œuvres de Monsieur de Molière*, revues, corrigées et
augmentées. Mutilées aussi, parfois, du moins si l'on
en juge par son *Festin de pierre*, pour éviter préventive-
ment les tracasseries de la censure, puis, surtout, pour
satisfaire ensuite à ses exigences. Quand ces derniers
changements furent demandés, la fabrication des
volumes était déjà terminée. Il fallut, dans chaque
exemplaire, substituer aux feuillets incriminés ce
qu'on appelait des « cartons », ou même recomposer
tout un cahier. Travail délicat et minutieux, dans
lequel peuvent facilement se glisser des inadvertances
ou des erreurs. On a pu retrouver quelques-uns de
ces volumes dits « cartonnés », où les réparations
imposées par les censeurs n'ont pas toutes été correctement exécutées. Leur confrontation a permis, par-
tiellement, de reconstituer le texte primitif à différents
endroits. Mais il n'en va pas de même pour d'autres
passages. En dépit de ses imperfections, toutefois,
cette édition, première en date, intitulée non plus *Le
Festin de pierre*, appellation reléguée au rang de sous-
titre, mais *Dom Juan*, constitue l'édition originale de
la pièce.

Mais, dans l'année qui suivit celle de sa mise en
vente, un libraire d'Amsterdam, Henri Wetstein a
lancé sur le marché un *Festin de pierre* assez différent,
issu d'une autre source manuscrite, de sorte que la

pièce, lorsqu'elle sort enfin de l'ombre, s'offre presque simultanément sous deux formes, entre lesquelles il est permis d'hésiter : à laquelle se fier, comme plus fidèle que l'autre ? La caution de La Grange, entré dans la troupe de Molière en 1659 pour ne plus la quitter, mêlé de près à la mise en scène de *Dom Juan* et même interprète du protagoniste à la création, selon toute vraisemblance, précieux chroniqueur de la compagnie, dont il tient le livre de raison, semblerait inciter à préférer l'édition parisienne plutôt que sa concurrente hollandaise, s'il n'y manquait le passage où Dom Juan tente le pauvre par la promesse d'un louis à condition qu'il accepte de jurer, dont la présence est formellement attestée, au moins à la première représentation, dans les *Observations sur « Le Festin de pierre »*, le libelle de Rochemont : lacune regrettable, qui se justifie pourtant, puisque Molière lui-même s'était résigné, par prudence et pour éviter tout nouveau scandale, à le supprimer.

L'autorité du texte dont nous devons la connaissance à l'imprimeur d'Amsterdam, en revanche, demeure quelque peu suspecte. Ce qu'il dit dans son avis au lecteur donne à penser qu'il est mal renseigné. Où prend-il que l'attribution de la pièce à Molière ait été contestée ? Ne sait-il pas que Molière l'a jouée comme une pièce écrite par lui ? De toute évidence il s'est interrogé sur l'authenticité de la copie entrée en sa possession, bien que la façon dont il s'exprime à ce sujet manque singulièrement de netteté : d'un côté ce *Festin de pierre* anonyme ressemble bien à du Molière, mais d'un autre, il présente, dans l'exécution, des maladresses tellement indignes de son génie qu'on a préféré, sans le croire apocryphe, le considérer comme « une méchante copie de quelqu'un » qui l'a vu représenter, « et qui, en ajoutant des lambeaux à

sa fantaisie à ce qu'il en avait retenu, en avait formé
une pièce à sa mode ».

Invraisemblable ? Et si pourtant le manuscrit qu'il
détient n'était qu'une transcription approximative,
librement arrangée par endroits ? Les copistes du
XVIIe siècle se montrent souvent peu scrupuleux sur
le chapitre de l'exactitude rigoureusement littérale du
double qu'ils tirent d'un original. D'autre part l'usage
existe, à cette époque, de prendre au vol — sans
doute par une espèce de sténographie — ce qui se
débite sur la scène : d'assez nombreux textes en
apportent la preuve (ainsi, par exemple, la *Lettre sur*
« *L'Imposteur* »). Au surplus l'éditeur se défend d'avoir
utilisé cette mauvaise copie et dit s'être pourvu d'une
autre plus exacte et plus correcte, qu'il tient d'un
« Ami », mais dont il ne garantit pourtant pas qu'elle
reproduise la pièce de Molière. Tout cela reste bien
confus : au début, il s'agit de la comédie, puis de sa
copie, ou plutôt non, mais d'une autre ; enfin les deux
copies sont escamotées : ne reste plus qu'une version
de l'œuvre qui se pose en concurrente de l'édition
qui se vend à Paris sous le nom de Molière, mais qui
rappelle trop mal sa manière pour qu'on puisse la
croire vraiment de lui. Mais que vaut la propre autorité de son éditeur ? Mérite-t-il plus de crédit ? Son
avertissement tortueux, embrouillé, ne va pas sans
inspirer quelque méfiance dont on ne peut se
défendre, en dépit de la préférence dont il bénéficie à
l'heure actuelle, au détriment de La Grange et Vivot.
Jusqu'à 1682, on avait manqué d'une édition originale. En 1683, voilà qu'on en possède une de trop.
Comment choisir ? À tout prendre, celle de Paris peut
malgré tout paraître plus sûre. Mais faut-il opter ?
Mieux vaut, sans les contaminer l'une par l'autre,
comme trop souvent les éditeurs de la pièce, faute de
mieux, s'y résolvent, ce qui ne peut les conduire qu'à
des amalgames peu satisfaisants ou des solutions boi-

teuses, demander séparément à chacune ce qu'elle
apporte de plus que l'autre.

Restait, de toute façon, puisqu'on disposait désormais du texte en prose et même dans deux éditions
(quoi que celle d'Amsterdam, répandue dans toute
l'Europe, restât ignorée de presque tous les Français),
à lui rendre la place que, sur la scène, usurpait la version de Thomas Corneille. On allait devoir attendre
plus d'un siècle et demi : fin de l'Ancien Régime,
Révolution, Empire, Restauration, Monarchie de Juillet, contre vents et marées elle tenait bon. Il fallut
l'inauguration de la Fontaine Molière, en 1841, rue
de Richelieu pour que Robert Kemp — non le critique de naguère, mais l'un de ses ascendants — s'avisât, à l'Odéon, de monter *Dom Juan* tel que l'avait
écrit Molière, et qu'on n'avait plus joué depuis 1665,
dont il s'attribua le rôle-titre. Le croirait-on ? L'on
applaudit surtout Pierrot ! Première tentative de
résurrection, mais qui passa presque inaperçue.

En 1847, la Comédie-Française voulut renouveler
l'expérience le jour où se commémorait la mort de
Molière. Cette fois, à Geoffroy trop vieux et Samson
trop peu comique, on préféra le Pauvre, interprété par
Ligier avec une émouvante sobriété. Peu s'en fallut
qu'on ne regrettât Thomas Corneille. Mais son heure
était décidément passée, même si ce *Dom Juan* quitta
l'affiche après dix-huit représentations. Depuis, la
Maison de Molière n'a pas cessé de le reprendre, dans
des mises en scène diversement appréciées. On a vu
s'y succéder Dom Juans et Sganarelles, joués respecti-
vement par Bressant et Régnier en 1858, Maurice
Escande et Fernand Ledoux en 1925, Jean Debu-
court et le même Ledoux en 1952, dernièrement
Francis Huster en « petit muscadin » éclipsé par Jean-
Luc Boutté dans le rôle du valet, voici deux décennies, en 1979, sans compter, en 1922, année, pour

Molière, où se célébrait le tricentenaire de sa naissance, le Dom Juan de Duflos.

Mais la redécouverte de la pièce ne prit tout son éclat qu'en dehors de la Comédie-Française, après la Seconde Guerre mondiale, grâce à Louis Jouvet et Jean Vilar. Le miracle, dans les deux cas, tint à l'homogénéité d'un spectacle dont, homme de théâtre complet, comme jadis Molière lui-même, l'interprète du rôle principal assurait aussi la mise en scène, ou pour parler comme Vilar, la régie. Chacun, en outre, disposait d'un Sganarelle — Fernand-René pour l'un, Daniel Sorano pour l'autre — avec lequel il formait un couple à la fois uni fortement, mais assez contrasté pour qu'ils se missent mutuellement en valeur.

Ils n'échappèrent cependant pas d'emblée à la critique. Quand Vilar, le premier des deux, l'avait joué dans les derniers mois de l'Occupation, en 1944, on l'avait trouvé sinistre, manquant d'allure, monotone dans sa diction et son geste. Jouvet, quand après dix ans d'attente il aborda le personnage, à l'Athénée, le 23 décembre 1947, ne fut pas accepté sans réticence. Il atteignait soixante ans et son physique le prédisposait mal à représenter les séducteurs conquérants. Avant qu'il ne devienne, par la suite, pour *Dom Juan*, la référence obligée, il déçut. On lui reprocha d'autre part l'accent méridional qu'il avait cru devoir donner à ses paysans, et l'on jugea trop mirobolante la scène finale. On alla même, comme Jacques Lemarchand, jusqu'à préférer à ce Dom Juan « dur, hautain, sec et cassant », la composition qu'avant lui Jean Vilar en avait offerte.

Ce dernier avait mûri quand il reprit le rôle en 1953, d'abord en plein air au Festival d'Avignon, puis, à partir du 7 décembre, au T.N.P. Passant du Palais des Papes à celui de Chaillot, son Dom Juan évolue vers plus d'opiniâtreté dans l'athéisme. Mais jamais encore on n'avait si bien compris ni su montrer la complexité d'un personnage à multiples facettes, sans pourtant sacrifier la part de mystère qui subsiste dans sa personnalité. Si Louis Jouvet avait appris au public à se laisser prendre par son pouvoir de fascination, Jean Vilar l'avait véritablement retrouvé : difficilement surpassable allait s'avérer le sommet qu'ils avaient atteint.

Après eux, en effet, on assiste à la dissociation entre les interprètes et les metteurs en scène qui, prenant désormais sur eux le pas, tendent à surenchérir les uns par-dessus les autres dans les libertés qu'ils s'octroient avec la pièce, comme si l'on ne l'avait sortie de l'ombre et remise au rang qu'elle mérite qu'afin de pouvoir ensuite mieux la trahir et la défigurer. Ce danger apparaît dès 1965, quand Marcel Bluwal filme pour la télévision un *Dom Juan* moins intemporel que modernisé par une musique d'accompagnement prise à Mozart et par des costumes qui s'apparentent plus au xixe siècle qu'à celui de Molière, avec un protagoniste ressemblant plus à Michel Piccoli que son interprète ne cherche à se projeter en lui, tandis que l'escorte, sous les traits de Claude Brasseur, un Sganarelle mâtiné de Leporello. Le texte de la pièce est respecté, mais il n'en résulte qu'une œuvre intéressante certes, hybride et composite cependant, où la caméra tantôt scrute leur visage, tantôt les suit dans leurs pérégrinations au bord de la mer, dans les forêts, voire aux salines d'Arc-et-Senans, dont l'architecture ne remonte pas plus haut que la fin de l'Ancien Régime : transposition d'un art dans un autre, annexion du théâtre par le cinéma, qui, même se voulant fidèle à Molière et cherchant à le rapprocher de nous, l'en éloigne inévitablement.

À la scène, Antoine Bourseiller affirme sans ambages son droit à l'indépendance : « À chacun son Dom Juan, et c'est normal, puisqu'il s'agit d'un mythe. » À chacun, sauf à Molière, bien entendu, qui se voit déposséder de son œuvre au profit du premier venu, sans qu'il en puisse mais. Si longtemps timorée et paralysée par son attachement à la routine de la tradition, la Comédie-Française, révolutionnée par Bourseiller, rejoint l'avant-garde et prend hardiment la tête des nouvelles tendances : libertin, le Dom Juan de Georges Descrières ? Non, mais un personnage « sympathique », quelqu'un d'intermédiaire entre « un déporté de Buchenwald » et le « beatnik » qui dit non, mais qui contient en puissance l'étoffe d'un Staline ou d'un Mao Tsé-toung. Après Marx, Freud : le voilà doté d'un univers. Pour accentuer le dépaysement, son costume et celui de son valet les déguisent en cosmonautes ou piétons de l'air. Bertolt Brecht, l'auteur de *Maître Puntila et son valet Matti*, consulté par le metteur en scène, a rendu son oracle : « Vous n'oublierez pas que c'est un couple », de « copains » et même plus, puisque la scène finale évoque Vautrin pleurant, chez Balzac, dans *Splendeurs et misères des courtisanes* sur Lucien de Rubempré qui s'est pendu dans sa cellule. Plus de respect pour le texte : le monologue de Dom Juan sur l'hypocrisie, au cinquième acte, est découpé en répliques réparties entre le maître et son serviteur. Bref, un vent de folie souffle sur la pièce, annonciateur de l'esprit dans lequel devaient bientôt survenir les « événements » de 1968.

Au lendemain de la tourmente, Patrice Chéreau renchérit, dans un *Dom Juan* rodé d'abord devant le public lyonnais, au Théâtre du 8e, puis transplanté par la suite à Sartrouville, avec Gérard Guillaumat comme interprète du rôle-titre. Renonçant à l'intemporalité de ses immédiats prédécesseurs, le metteur en scène substitue au prestigieux « champion sartrien de la liberté sans Dieu », présenté par Jean Vilar ou Marcel Bluwal, l'« échantillon d'une aristocratie vaincue par Louis XIV après la Fronde, et humiliée de sa défaite », « intellectuel de gauche », cela va sans dire,

« frère aîné de Sade », mais qui n'aurait « pas encore lu Marx », étrangement écartelé, dans une position très inconfortable, entre son époque et la nôtre, « progressiste », mais destiné, pour avoir trahi sa classe, à périr en victime de sa défection. Dans cette perspective, Sganarelle prend une importance prédominante : il devient, tel que l'interprète Marcel Maréchal, le « soldat Schweik » de Molière, à mi-chemin du clown et du clochard, analogue aux personnages d'*En attendant Godot* chez Samuel Beckett. Une « machine-à-tuer les libertins », dont une figuration de paysans assure le fonctionnement, matérialise symboliquement la leçon qu'on prétend dégager de la pièce. Ce qui, dans le texte, s'y plierait mal est supprimé : la scène entre Monsieur Dimanche et « ce Dom Juan du misérabilisme » passe à la trappe sans autre forme de procès.

En 1978, *Dom Juan* revient au Festival d'Avignon, inséré cette fois par Antoine Vitez, qui l'a déjà mis en scène pour le Théâtre d'Ivry, dans une tétralogie comprenant aussi *L'École des femmes*, *Le Tartuffe* et *Le Misanthrope*, que jouent les mêmes acteurs, dans les mêmes décors et les mêmes costumes, à quelques détails près. Expérience originale, diversement accueillie, mais dont malheureusement *Dom Juan* a constitué la partie la moins convaincante.

Roger Planchon, pour sa part, au printemps de 1980, choisit d'atteler la comédie de Molière avec l'*Athalie* de Racine, alliance insolite, mais qui permet de remettre l'accent sur une dimension religieuse un peu trop délaissée au profit de messages essentiellement politiques : contre la chape de plomb sous quoi la Contre-Réforme s'efforce d'étouffer l'Europe chrétienne, Dom Juan apparaît comme « l'ancêtre résolu de ceux qui se disent athées ». « Il dit non. Un point c'est tout. Il n'agit pas, tourne en rond, ne débouche sur rien. Il collectionne seulement blasphèmes et actes négatifs. » Il est interprété par Gérard Desarthe, dans des décors impressionnants, dominés d'une coupole évoquant Saint-Pierre de Rome. On y voit s'enfermer au couvent, se coucher sur des croix et se flageller des pécheresses repentantes. La statue d'un Christ aux outrages apparaît soudain, visible pendant toute la scène du mendiant. Celle du Commandeur, observe encore Jean Mambrino, dans *Comédie-Française*, « à la fin s'ouvre, "révélant une tête de mort" ». Dom Juan meurt devant son cercueil ouvert et le *Miserere* de Pergolèse dans sa *Messe romaine* sert de finale [1].

Que reste-t-il de Molière en ces multiples façons d'aborder la pièce et de la représenter ? Chacun la tire à soi, la déforme, n'en retient que les aspects qu'il a choisi de mettre en valeur et de privilégier. Mais *Dom Juan* résiste à tous les traitements auxquels on le soumet : preuve, pour l'œuvre, de sa solidité ; signe aussi de son inépuisable richesse. Presque aucun des plus marquants parmi les metteurs en scène de ce temps qui ne s'y soit intéressé. Aucune pièce, dans tout le répertoire classique, ni même dans le théâtre de Molière, qui soit, après un long oubli devenue plus vivante, et plus actuelle. D'autres, comme *Le Tartuffe* et *Le Misanthrope*, l'étaient restées sans interruption depuis leur création. Mais toutes, en comparaison de ce chef-d'œuvre qui, longtemps négligé, s'est éveillé de son sommeil séculaire aussi frais que la Belle au bois dormant de Perrault, paraissent presque un peu fanées.

Ici s'achève l'histoire mouvementée d'une pièce presque perdue, puis conservée par deux canaux différents, longtemps délaissée au profit d'une adapta-

---

1. On trouvera les références de toutes les citations contenues depuis la page 37 jusqu'ici, dans mon article sur les « Avatars de *Dom Juan* » (voir Bibliographie, page 185).

tion en vers de seconde main, puis ayant repris vie à la scène d'abord lentement et de façon précaire, mais en fin de compte reconsidérée et saluée comme un ouvrage dramatique d'importance majeure pour tomber ensuite dans le domaine public à tel point que n'importe qui s'est cru libre de se l'approprier et d'en déposséder le véritable auteur. Qu'après être restée longtemps sous le boisseau et nous avoir été si magnifiquement restituée, elle soit exposée aux dangereux excès d'une modernisation abusive et forcenée peut être jugé très regrettable. Pourquoi ne pas revenir tout simplement à Molière ? Il se suffit bien à lui-même.

Retour d'autant plus facile que nous disposons à présent, pour ce qui concerne *Dom Juan*, d'un accès commode à presque tous les éléments du dossier. Au texte de 1682, si scrupuleusement établi et si pertinemment commenté par Georges Couton dans la Bibliothèque de la Pléiade, où se trouvent aussi, reproduites intégralement les *Observations* de Rochemont sur *Le Festin de pierre* ainsi que la *Réponse* et la *Lettre* anonymes qu'elles ont suscitées, est très opportunément venu se joindre, pour la première fois réimprimé, par les soins de Joan DeJean, le texte complet de l'édition hollandaise parue en 1683, précédé d'une très utile préface. Les pièces de Dorimon et de Villiers, ainsi que le scénario de Biancolelli et le *Convitato di pietra* de Cicognini, qu'avait édités Georges Gendarme de Bévotte dès 1906, ont reparu, nantis d'une mise à jour par Roger Guichemerre, en 1988, grâce à la Société des textes français modernes. Une traduction du *Trompeur de Séville* par Henri Larose, utilement présentée et annotée, figure au tome II du *Théâtre espagnol du XVIIe siècle*, de publication elle aussi toute récente à la Pléiade. Seules demeurent plus malaisées à trouver la pièce de Rosimond (rééditée en 1972 à Milan par Enea Balmas au tome I de son *Mito di Don Giovanni nel seicento francese*) et celle de

Thomas Corneille (qu'on peut lire dans le septième volume de ses *Œuvres complètes*, publiées en 1758 et reproduites pour Slatkine en 1970). Il existe même depuis très peu de temps, un indispensable *Dictionnaire de Don Juan*, préparé sous la direction de Pierre Brunel et qui contient tout ce qu'il faut savoir sur le mythe de ce personnage, depuis ses origines jusqu'à nos jours, dans un épais et compact volume de la collection « Bouquins ». N'oublions pas de rappeler, pour finir, le toujours précieux *Recueil des textes et des documents relatifs à Molière*, publié par Georges Mongrédien, aux éditions du C.N.R.S. en 1965, trois cents ans tout juste après la création de *Dom Juan*.

Jean-Pierre COLLINET

Dom Juan

ou

Le Festin de pierre

Comédie

Personnages

DOM JUAN, *fils de Dom Louis*
SGANARELLE, *valet de Dom Juan*
ELVIRE, *femme de Dom Juan*
GUSMAN, *écuyer* [1] *d'Elvire*
DOM CARLOS, DOM ALONSE, *frères d'Elvire*
DOM LOUIS, *père de Dom Juan*
CHARLOTTE, MATHURINE, *paysannes*
PIERROT, *paysan*
LA STATUE DU COMMANDEUR
LA VIOLETTE, RAGOTIN, *laquais de Dom Juan*
MONSIEUR DIMANCHE, *marchand*
LA RAMÉE, *spadassin*
UN PAUVRE
SUITE DE DOM JUAN
SUITE DE DOM CARLOS ET DE DOM ALONSE, *frères*
UN SPECTRE

La scène est en Sicile.

---

1. Domestique « qui donne la main à une Dame de qualité, et qui a soin de l'accompagner dans toutes les visites qu'elle fait » (Richelet). Chez les reines et les princesses, cette fonction est remplie par ce qu'on appelle écuyers de main, dits aussi « chevaliers d'honneur ». Sganarelle, qui tutoie Gusman, le considère comme de condition équivalente à la sienne.

ACTE I

Scène 1

SGANARELLE, GUSMAN

SGANARELLE, *tenant une tabatière*[1]. Quoi que puisse dire Aristote et toute la philosophie, il n'est rien d'égal au tabac : c'est la passion des honnêtes gens, et qui vit sans tabac n'est pas digne de vivre[2]. Non seulement il réjouit et purge les cerveaux humains, mais encore il instruit les âmes à la vertu, et l'on apprend avec lui à devenir honnête homme[3]. Ne voyez-vous pas bien, dès qu'on en prend, de quelle manière obligeante on en use avec tout le monde, et comme on est ravi d'en donner à droit et à gauche, partout où l'on se trouve ? On n'attend pas même qu'on en demande, et l'on court au-devant du sou-

---

1. La tabatière que tient Sganarelle contient du « tabac en poudre, qu'on prend par le nez » (Furetière), en d'autres termes du tabac à priser, le « bon tabac » de la chanson.　　2. La fin de la phrase forme un de ces « alexandrins » isolés, qui se trouvent disséminés dans la prose tout au long de la pièce : indice, chez Molière, d'une velléité de l'écrire en vers, s'il avait pu disposer du temps nécessaire ? Peut-être. Mais observons surtout qu'il suffirait de substituer « honneur » à « tabac » pour obtenir un de ces vers maximes auxquels Corneille excelle et que Molière, ici, par le truchement de son personnage s'amuse à parodier, dans un passage relevant de l'éloge paradoxal, comme on en rencontre un peu partout dans *Dom Juan*, ainsi que l'a mis en évidence Patrick Dandrey.　　3. Au sens que donnera Bussy-Rabutin à cette expression dans une lettre du 6 mars 1679, qui définira l'honnête homme comme quelqu'un de « poli et qui sait vivre », indépendamment de toute appréciation sur sa probité.

hait des gens : tant il est vrai que le tabac inspire des sentiments d'honneur et de vertu à tous ceux qui en prennent. Mais c'est assez de cette matière. Reprenons un peu notre discours. Si bien donc, cher Gusman, que Done Elvire, ta maîtresse, surprise de notre départ, s'est mise en campagne après nous [1], et son cœur, que mon maître a su toucher trop fortement, n'a pu vivre, dis-tu, sans le venir chercher ici. Veux-tu qu'entre nous je te dise ma pensée ? J'ai peur qu'elle ne soit mal payée de son amour, que son voyage en cette ville produise peu de fruit, et que vous eussiez autant gagné à ne bouger de là.

GUSMAN. Et la raison encore ? [2] Dis-moi, je te prie, Sganarelle, qui peut t'inspirer une peur d'un si mauvais augure ? Ton maître t'a-t-il ouvert son cœur là-dessus, et t'a-t-il dit qu'il eût pour nous quelque froideur qui l'ait obligé à partir ?

SGANARELLE. Non pas, mais, à vue de pays [3], je connais à peu près le train des choses [4], et, sans qu'il m'ait encore rien dit, je gagerais presque que l'affaire va là [5]. Je pourrais peut-être me tromper ; mais enfin, sur de tels sujets, l'expérience m'a pu donner quelques lumières.

GUSMAN. Quoi ! ce départ si peu prévu serait une infidélité de Dom Juan ? Il pourrait faire cette injure aux chastes feux [6] de Done Elvire ?

SGANARELLE. Non, c'est qu'il est jeune encore, et qu'il n'a pas le courage...

---

1. Mise à notre poursuite.   2. Et pour quelle raison ?   3. Comme on dit, plus familièrement, aujourd'hui, mais dans un sens analogue : à vue de nez.   4. Ce qu'il en advient toujours avec Dom Juan.   5. Je parierais que c'est ce qui va se passer.   6. Cet affront de l'abandonner, alors qu'elle vous aime ardemment, mais d'une passion honnête puisque légalisée et sanctifiée par un mariage (sans consentement des parents, mais « par paroles de présent », comme on disait alors, autrement dit sans les formalités d'usage, et néanmoins tout aussi valide au regard de l'Église).

GUSMAN. Un homme de sa qualité ferait une action si lâche ?

SGANARELLE. Eh oui, sa qualité ![1] la raison en est belle, et c'est par là qu'il s'empêcherait des choses !

GUSMAN. Mais les saints nœuds du mariage le tiennent engagé.

SGANARELLE. Eh ! mon pauvre Gusman, mon ami, tu ne sais pas encore, crois-moi, quel homme est Dom Juan.

GUSMAN. Je ne sais pas, de vrai, quel homme il peut être, s'il faut[2] qu'il nous ait fait cette perfidie ; et je ne comprends point comme, après tant d'amour et tant d'impatience témoignée, tant d'hommages pressants, de vœux, de soupirs et de larmes, tant de lettres passionnées, de protestations ardentes et de serments réitérés, tant de transports[3] enfin et tant d'emportements qu'il a fait paraître, jusqu'à forcer, dans sa passion, l'obstacle sacré d'un convent[4], pour mettre Done Elvire en sa puissance[5], je ne comprends pas, dis-je, comme après tout cela il aurait le cœur de pouvoir manquer à sa parole.

SGANARELLE. Je n'ai pas grande peine à le comprendre, moi ; et si tu connaissais le pèlerin[6], tu trouverais la chose assez facile pour lui. Je ne dis pas qu'il ait changé de sentiments pour Done Elvire, je n'en ai point de certitude encore : tu sais que, par son ordre, je partis avant lui, et depuis son arrivée il ne m'a point entretenu ; mais, par précaution, je

---

1. Exclamations ironiques : ah ! bien oui, sa qualité ! Vous croyez qu'il se gênerait ?   2. Si l'on doit admettre...   3. « Transport », sans qualification, comme à cet endroit, « signifie aussi : ravissement, extase ».   4. Forme ancienne du mot « couvent », qui la concurrençait déjà fortement à cette époque, et n'allait pas tarder à la supplanter complètement.   5. En son pouvoir. Plus loin, « le cœur » : le courage.   6. Comparer avec cet exemple donné par le *Dictionnaire* de l'Académie française, en 1694, à l'article « pellerin » : « Vous ne connaissez pas le pèlerin », au sens de : vous ne savez pas à qui vous avez affaire (parce qu'il trompe son monde).

t'apprends, *inter nos*[1], que tu vois en Dom Juan,
mon maître, le plus grand scélérat que la terre ait
jamais porté, un enragé, un chien[2], un diable, un
Turc, un hérétique, qui ne croit ni Ciel, ni enfer,
ni loup-garou, qui passe cette vie en véritable bête
brute, un pourceau d'Épicure[3], un vrai Sardana-
pale[4], qui ferme l'oreille à toutes les remontrances
qu'on lui peut faire, et traite de billevesées[5] tout
ce que nous croyons. Tu me dis qu'il a épousé ta
maîtresse : crois qu'il aurait plus fait pour sa passion, et qu'avec elle il aurait encore épousé toi, son
chien et son chat. Un mariage ne lui coûte rien à
contracter ; il ne se sert point d'autres pièges pour
attraper les belles, et c'est un épouseur à toutes
mains[6]. Dame, demoiselle, bourgeoise, paysanne,

---

1. Entre nous (en latin).   2. « Chien, note Furetière, se dit aussi par
injure, et pour reprocher à quelqu'un ses défauts. » Le même observe
encore, à l'article « turc », qu'on emploie ce mot pour « injurier un homme,
le taxer de barbarie, de cruauté, d'irréligion d'homme inexorable ». Du
« loup garou », son *Dictionnaire* donne cette définition : « Loup garou est
dans l'esprit du peuple un esprit dangereux et malin qui court les champs
ou les rues la nuit. Mais c'est en effet [en fait] un fou mélancolique ou
furieux [donc atteint de folie douce ou furieuse] qui court les nuits sur
les routes et qui bat et outrage ceux qu'il rencontre. » Sganarelle prend
vraisemblablement le mot dans le premier de ces deux sens. Mais le second
ne conviendrait pas mal non plus à Dom Juan. Quant au terme d'« hérétique » (on attendrait plutôt « impie », ou même « athée ») on en rapprochera
la réflexion de Sganarelle, à la première scène de l'acte III : « Votre religion,
à ce que je vois, est donc l'arithmétique ».   3. On lit à l'article « Épicure », dans le *Grand dictionnaire historique* de Moreri, « qu'il y avait deux sortes
d'épicuriens, les rigides et les relâchés [...] Ces derniers expliquaient fort
mal les sentiments d'Épicure, et faisaient un très mauvais usage de la doctrine de ce Philosophe : car sous prétexte qu'Épicure faisait consister le
souverain bien dans la volupté ces faux épicuriens [les pourceaux] au lieu
de prendre la volupté dans le sens de leur Maître, pour le plaisir que donne
la pratique de la vertu, de la justice et de l'honnêteté, ils la prenaient au
contraire pour les infâmes plaisirs de la débauche. »   4. « Roi fabuleux
des Assyriens », dont Moreri dans son dictionnaire écrit que « son règne,
qui dura vingt années, fut, dit-on, une suite de débauches continuel-
les ».   5. « Imaginations en l'air » (Richelet).   6. « Prendre à toutes
mains », selon le *Dictionnaire* de l'Académie française (1694), signifie
« prendre de tous côtés, à droit et à gauche ».

il ne trouve rien de trop chaud ni de trop froid pour
lui ; et si je te disais le nom de toutes celles qu'il a
épousées en divers lieux, ce serait un chapitre à
durer jusques au soir. Tu demeures surpris et
changes de couleur[1] à ce discours ; ce n'est là
qu'une ébauche du personnage, et, pour en achever
le portrait, il faudrait bien d'autres coups de pinceau. Suffit[2] qu'il faut que le courroux du Ciel l'ac-
cable quelque jour ; qu'il me vaudrait bien mieux
d'être au diable que d'être à lui, et qu'il me fait voir
tant d'horreurs, que je souhaiterais qu'il fût déjà
je ne sais où. Mais un grand seigneur méchant
homme est une terrible chose ; il faut que je lui sois
fidèle, en dépit que j'en aie[3] : la crainte en moi fait
l'office du zèle[4], bride mes sentiments[5], et me
réduit d'applaudir[6] bien souvent à ce que mon âme
déteste. Le voilà qui vient se promener dans ce
palais : séparons-nous. Écoute au moins[7] : je t'ai
fait cette confidence avec franchise, et cela m'est
sorti un peu bien vite de la bouche ; mais, s'il fallait
qu'il en vînt quelque chose à ses oreilles, je dirais
hautement que tu aurais menti.

---

1. Intrusion d'un « alexandrin » qui souligne l'effet que doit produire un
réquisitoire d'une telle énergie sur l'interlocuteur de Sganarelle, comme
pétrifié par ce qu'il vient d'apprendre.   2. Il suffit (sans « d'autres coups
de pinceau », trop longs à détailler) d'ajouter que...   3. À contrecœur,
malgré moi : je ne peux m'en empêcher.   4. Je lui reste fidèle parce que
je le crains, non par zèle.   5. Je me retiens de lui dire ce que je pense
de lui.   6. On dirait aujourd'hui soit : me réduit à ; soit : me contraint
de. « Déteste » : désavoue vigoureusement.   7. Au sens de : retiens en
tout cas ceci.

Scène 2

DOM JUAN, SGANARELLE

DOM JUAN. Quel homme te parlait là ? Il a bien l'air, ce me semble, du bon[1] Gusman de Done Elvire ?

SGANARELLE. C'est quelque chose aussi à peu près de cela[2].

DOM JUAN. Quoi ! c'est lui ?

SGANARELLE. Lui-même.

DOM JUAN. Et depuis quand est-il en ville ?

SGANARELLE. D'hier au soir.

DOM JUAN. Et quel sujet l'amène ?

SGANARELLE. Je crois que vous jugez assez ce qui le peut inquiéter.

DOM JUAN. Notre départ sans doute ?

SGANARELLE. Le bonhomme en est tout mortifié, et m'en demandait le sujet.

DOM JUAN. Et quelle réponse as-tu faite ?

SGANARELLE. Que vous ne m'en aviez rien dit.

DOM JUAN. Mais encore, quelle est ta pensée là-dessus ? Que t'imagines-tu de cette affaire ?

SGANARELLE. Moi, je crois, sans vous faire tort, que vous avez quelque nouvel amour en tête.

DOM JUAN. Tu le crois ?

SGANARELLE. Oui.

DOM JUAN. Ma foi ! tu ne te trompes pas, et je dois t'avouer qu'un autre objet[3] a chassé Elvire de ma pensée.

SGANARELLE. Eh ! mon Dieu, je sais mon Dom Juan

---

1. Avec une valeur analogue à celle que prendrait « brave » : il ressemble au brave Gusman, l'écuyer de Done Elvire.   2. Il y a de cela ; mais Sganarelle, qui redoute les réactions de son maître, prend ses précautions avant d'annoncer à Dom Juan une nouvelle qui risque de le fâcher.   3. « Objet, se dit aussi des belles personnes qui donnent de l'amour » (Furetière). Le mot, à l'époque de Molière, n'évoque pas encore la notion de femme-objet : elle ne s'y trouve guère qu'à l'état latent. Le terme n'en prend pas moins, employé par le séducteur, une résonance moins anodine que dans la langue de la galanterie précieuse.

sur le bout du doigt, et je connais votre cœur pour
le plus grand coureur du monde : il se plaît à se
promener de liens en liens, et n'aime guère à
demeurer en place.

DOM JUAN. Et ne trouves-tu pas, dis-moi, que j'ai raison d'en user de la sorte ?

SGANARELLE. Eh ! Monsieur.

DOM JUAN. Quoi ? Parle.

SGANARELLE. Assurément que [1] vous avez raison, si
vous le voulez ; on ne peut pas aller là contre. Mais,
si vous ne le vouliez pas, ce serait peut-être une
autre affaire.

DOM JUAN. Eh bien, je te donne la liberté de parler et
de me dire tes sentiments [2].

SGANARELLE. En ce cas, Monsieur, je vous dirai franchement que je n'approuve point votre méthode, et
que je trouve fort vilain [3] d'aimer de tous côtés
comme vous faites.

DOM JUAN. Quoi ! tu veux qu'on se lie [4] à demeurer au
premier objet qui nous prend [5], qu'on renonce au
monde pour lui, et qu'on n'ait plus d'yeux pour
personne ? La belle chose de vouloir se piquer d'un
faux honneur d'être fidèle [6], de s'ensevelir pour tou-

---

1. Tournure du langage familier, vive et plus expressive que : *il est certain*
(qu'on dirait plus correctement sous le rapport de la construction gramma-
ticale). 2. Ton avis là-dessus. 3. Comparer avec cet exemple de
Furetière : « Une vilaine action est une action lâche et honteuse », donc
indigne d'un gentilhomme. 4. Qu'on se contraigne. 5. Qui nous
enchaîne. 6. La fidélité qu'on garde à son premier amour ne vaut guère
mieux, aux yeux de Dom Juan, que la claustration dans un couvent. La
même idée inspire encore la phrase qui suit, avec des expressions comme
« s'ensevelir », « être mort », et dans laquelle « se piquer d'un faux honneur
d'être fidèle » contamine deux sens du verbe « se piquer » qui se trouvent
définis l'un après l'autre chez Richelet, affectés d'un astérisque montrant
qu'en cette acception le mot est pris « au figuré » : « Se piquer de quelque
chose. C'est faire profession d'exceller en une chose », en l'occurrence, ici,
la fidélité ; « [...] se piquer d'honneur. C'est faire profession d'avoir de
l'honneur et d'être considérable par l'honneur qu'on a. » Dom Juan ne croit
pas plus à la religion de l'amour qu'à la religion tout court : le blasphème
qu'il prononce ici contre la première s'étend implicitement à l'autre.

jours dans une passion, et d'être mort dès sa jeunesse à toutes les autres beautés qui nous peuvent
frapper les yeux ! Non, non, la constance n'est
bonne que pour des ridicules [1] ; toutes les belles ont
droit de nous charmer, et l'avantage d'être rencontrée la première ne doit point dérober [2] aux autres
les justes prétentions qu'elles ont toutes sur nos
cœurs. Pour moi, la beauté me ravit partout où je
la trouve, et je cède facilement à cette douce violence dont elle nous entraîne. J'ai beau être engagé,
l'amour que j'ai pour une belle n'engage point mon
âme à faire injustice aux autres ; je conserve des
yeux pour voir le mérite de toutes, et rends à chacune les hommages et les tributs où la nature nous
oblige [3]. Quoi qu'il en soit, je ne puis refuser mon
cœur à tout ce que je vois d'aimable, et dès qu'un
beau visage me le demande, si j'en avais dix mille,
je les donnerais tous. Les inclinations naissantes,
après tout, ont des charmes inexplicables, et tout le
plaisir de l'amour est dans le changement. On
goûte une douceur extrême à réduire [4], par cent
hommages, le cœur d'une jeune beauté, à voir de
jour en jour les petits progrès [5] qu'on y fait, à

Aucune différence, à ses yeux, entre se montrer « fidèle » à ce qu'on aime,
dans le domaine profane, et sincèrement adhérer à sa croyance, dans celui
du sentiment religieux : il prône l'inconstance en libertin de mœurs comme
de foi.

1. Des sots.   **2.** Dom Juan conçoit l'amour en termes de larcins, suivant
une métaphore couramment usitée dans la société précieuse et le monde
galant. Ce que dit ici le séducteur produit, non sur Sganarelle, mais chez
le spectateur, une impression subtilement ambiguë, car il fascine en même
temps qu'il incite à désapprouver son apologie de l'inconstance.   **3.** On
notera, sous la galante préciosité de l'expression, la brutale crudité de ce
qu'elle recouvre et signifie, ou du moins suggère.   **4.** « Dompter,
vaincre, subjuguer » (Furetière).   **5.** Cette stratégie déjà correspond à
celle qu'emploiera Valmont, dans *Les Liaisons dangereuses*, pour séduire
Mme de Tourvel. Sous sa formulation, pourtant, le passage (notamment
par l'évocation des « petits progrès » accomplis quotidiennement dans le
cœur de la victime) rappelle encore — en bien moins anodin — la Carte

combattre par des transports, par des larmes et des
soupirs, l'innocente pudeur d'une âme qui a peine
à rendre les armes, à forcer pied à pied toutes les
petites résistances qu'elle nous oppose, à vaincre les
scrupules dont elle se fait un honneur, et la mener
doucement où nous avons envie de la faire venir[1].
Mais, lorsqu'on en est maître une fois, il n'y a plus
rien à dire, ni rien à souhaiter ; tout le beau de la
passion est fini, et nous nous endormons dans la
tranquillité d'un tel amour, si quelque objet nouveau ne vient réveiller nos désirs et présenter à
notre cœur les charmes attrayants d'une conquête
à faire[2]. Enfin il n'est rien de si doux que de triom-
pher de la résistance d'une belle personne, et j'ai
sur ce sujet l'ambition des conquérants, qui volent
perpétuellement de victoire en victoire, et ne peuvent se résoudre à borner leurs souhaits. Il n'est
rien qui puisse arrêter l'impétuosité de mes désirs :
je me sens un cœur à aimer toute la terre ; et
comme Alexandre[3], je souhaiterais qu'il y eût
d'autres mondes, pour y pouvoir étendre mes
conquêtes amoureuses.

SGANARELLE. Vertu de ma vie[4], comme vous débitez !
Il semble que vous ayez appris cela par cœur, et
vous parlez tout comme un livre.

---

du Tendre où, dans le premier volume de sa *Clélie*, Madeleine de Scudéry
dessinait les trois itinéraires menant à la tendre amitié.
1. « Combattre », « rendre les armes », « forcer pied à pied », « vaincre » : on
notera que Dom Juan excelle à filer, comme les précieux, la métaphore
militaire pour parler d'amour. Mais il s'agit moins ici d'un langage méta-
phorique bon pour le monde des salons que de l'amour conçu comme une
guerre des sexes.   **2.** Un « alexandrin » apparaît encore ici, qui sert de
clausule à l'élan lyrique dont est soulevée une phrase mélodieuse et bondis-
sante.   **3.** La comparaison vient de Juvénal (satire X, v. 168-169). On
mesure ici combien avec Dom Juan se dénature et se corrompt, subverti,
l'idéal de vaillance héroïque propre à la noblesse dont il descend, puisqu'il
transpose dans le registre de l'amour poussé jusqu'à la débauche les valeurs
de sa caste.   **4.** Furetière cite cette locution, et la range parmi « ces
sortes de serments », jurons dont « le peuple se sert » (article « vertu »).

DOM JUAN. Qu'as-tu à dire là-dessus ?

SGANARELLE. Ma foi ! j'ai à dire..., je ne sais que dire, car vous tournez les choses d'une manière qu'il semble que vous avez raison ; et cependant il est vrai que vous ne l'avez pas. J'avais les plus belles pensées du monde, et vos discours m'ont brouillé tout cela. Laissez faire : une autre fois je mettrai mes raisonnements par écrit, pour disputer avec vous.

DOM JUAN. Tu feras bien.

SGANARELLE. Mais, Monsieur, cela serait-il de la permission [1] que vous m'avez donnée, si je vous disais que je suis tant soit peu [2] scandalisé de la vie que vous menez ?

DOM JUAN. Comment ! quelle vie est-ce que je mène ?

SGANARELLE. Fort bonne. Mais, par exemple, de vous voir tous les mois vous marier comme vous faites...

DOM JUAN. Y a-t-il rien de plus agréable ?

SGANARELLE. Il est vrai, je conçois que cela est fort agréable et fort divertissant, et je m'en accommoderais assez, moi, s'il n'y avait point de mal ; mais, Monsieur, se jouer ainsi d'un mystère sacré [3], et...

DOM JUAN. Va, va, c'est une affaire entre le Ciel et moi, et nous la démêlerons bien ensemble, sans que tu t'en mettes en peine.

SGANARELLE. Ma foi ! Monsieur, j'ai toujours ouï dire que c'est une méchante raillerie [4] que de se railler du Ciel, et que les libertins [5] ne font jamais une bonne fin.

DOM JUAN. Holà ! maître sot, vous savez que je vous ai dit que je n'aime pas les faiseurs de remontrances.

---

1. Entendre : compris dans la permission.   2. « Un peu » (Richelet).
3. D'un sacrement.   4. Une dangereuse fanfaronnade.   5. Ceux qui se moquent de la religion. « Ne font jamais une bonne fin » : meurent tous dans l'impénitence finale. Leur persistance dans l'incrédulité leur vaudra d'être damnés.

SGANARELLE. Je ne parle pas aussi à vous[1], Dieu m'en
garde ! Vous savez ce que vous faites, vous, et, si
vous ne croyez rien, vous avez vos raisons ; mais il
y a de certains petits impertinents dans le monde,
qui sont libertins sans savoir pourquoi, qui font les
esprits forts[2], parce qu'ils croient que cela leur sied
bien ; et si j'avais un maître comme cela, je lui
dirais fort nettement, le regardant en face : « Osez-
vous bien ainsi vous jouer du Ciel, et ne tremblez-
vous point de vous moquer comme vous faites des
choses les plus saintes ? C'est bien à vous[3], petit
ver de terre, petit mirmidon[4] que vous êtes (je parle
au maître que j'ai dit), c'est bien à vous à vouloir
vous mêler de tourner en raillerie ce que tous les
hommes révèrent. Pensez-vous que pour être de
qualité[5], pour avoir une perruque blonde et bien
frisée[6], des plumes à votre chapeau, un habit bien
doré[7], et des rubans couleur de feu (ce n'est pas à

---

1. Ce n'est pas non plus à vous que je parle...   2. Furetière, à l'article
« esprit » : « Espèce d'injure qu'on dit à ces libertins incrédules qui se mettent au-dessus des croyances et des opinions populaires. La plupart des
beaux esprits font les esprits forts, qui ne s'étonnent de rien, qu'on ne
persuade pas aisément. » Dom Juan se range dans cette catégorie. Sganarelle cherche précisément à le sermonner sur ce point. Mais, connaissant
la violence de ses réactions et les redoutant, il prend prudemment un
détour.   3. On dirait plutôt, de nos jours : c'est bien à vous (au sens de :
cela vous va bien) *de* vouloir...   4. Ou « myrmidon » : « Terme d'injure et
de mépris. Petit garçon » (*Dictionnaire* de l'Académie française, 1694). Au
sens propre, les Myrmidons représentent des « populations de Thessalie
que les Fables [la mythologie] ont dit être nés des fourmis, sur la prière
qu'en fit le roi Itacus à Jupiter, après que son royaume fut dépeuplé par la
peste. Ce mot est venu en usage dans notre langue pour signifier un homme
fort petit, ou qui n'est capable d'aucune résistance » (Furetière). Sganarelle,
sous couleur de s'adresser à quelqu'un d'autre, se soulage de la rancune
accumulée depuis longtemps par lui contre Dom Juan.   5. De naissance
noble.   6. Comme les « blondins ».   7. Il faut l'imaginer dans un costume presque non moins ébouriffant que celui de Mascarille dans *Les Précieuses ridicules*, mais sans rien de ridicule et, tout au rebours, d'une
élégance raffinée, conforme en tout point au goût du jour, ainsi qu'au dernier cri de la mode. Sur son habit ne doivent pas manquer les « rubans
couleur de feu ». Sganarelle s'avise à temps qu'il vient de commettre une

vous que je parle, c'est à l'autre), pensez-vous, dis-je, que vous en soyez plus habile homme, que tout vous soit permis, et qu'on n'ose vous dire vos vérités ? Apprenez de moi, qui suis votre valet, que le Ciel punit tôt ou tard les impies, qu'une méchante [1] vie amène une méchante mort, et que... »

Dom Juan. Paix !

Sganarelle. De quoi est-il question ?

Dom Juan. Il est question de te dire qu'une beauté me tient au cœur, et qu'entraîné par ses appas, je l'ai suivie jusques en cette ville.

Sganarelle. Et n'y craignez-vous rien, Monsieur, de la mort de ce commandeur que vous tuâtes il y a six mois ?

Dom Juan. Et pourquoi craindre ? Ne l'ai-je pas bien tué ?

Sganarelle. Fort bien, le mieux du monde, et il aurait tort de se plaindre.

Dom Juan. J'ai eu ma grâce de cette affaire [2].

Sganarelle. Oui, mais cette grâce n'éteint pas peut-être le ressentiment des parents et des amis, et...

Dom Juan. Ah ! n'allons point songer au mal qui nous peut arriver, et songeons seulement à ce qui nous peut donner du plaisir [3]. La personne dont je te

---

bévue par ce détail trop précis : s'apercevant que son valet se trouve en train de le décrire — et de le décrier — il va sans doute se fâcher. Pris de crainte, Sganarelle s'empresse de lui rappeler que ses propos ne sont pas censés s'adresser à lui : la parenthèse qui suit n'est mise là qu'à cette intention.
1. À l'article « meschant », Furetière observe au sujet de cet adjectif qu'« en morale on le dit de ce qui est contre la raison, les lois, les bonnes mœurs ». Quant à la « méchante mort », elle représente exactement le contraire de la « bonne fin » évoquée plus haut : Sganarelle réitère l'avertissement qu'il a déjà donné précédemment à son maître en d'autres termes.   2. Il a reçu, après sollicitations de sa famille (Dom Louis, à l'acte IV, scène 4, le lui rappellera), des lettres de grâce, accordées par le roi, dans un cas d'assassinat tel précisément que celui dont il s'est rendu coupable, en vertu desquelles est enterrée l'affaire sans autre forme de procès.   3. Maximes typiquement épicuriennes, dont la première sert dans les *Fables* de La Fontaine, en 1678, illustrée par « Le Cochon, la Chèvre et le Mouton ».

parle est une jeune fiancée, la plus agréable du monde, qui a été conduite ici par celui même qu'elle y vient épouser ; et le hasard me fit voir ce couple d'amants trois ou quatre jours avant leur voyage. Jamais je n'ai vu deux personnes être si contents l'un de l'autre et faire éclater plus d'amour. La tendresse visible de leurs mutuelles ardeurs me donna de l'émotion ; j'en fus frappé au cœur, et mon amour commença par la jalousie. Oui, je ne pus souffrir d'abord[1] de les voir si bien ensemble ; le dépit alarma mes désirs[2], et je me figurai un plaisir extrême à pouvoir troubler leur intelligence[3], et rompre cet attachement, dont la délicatesse[4] de mon cœur se tenait offensée ; mais jusques ici tous mes efforts ont été inutiles, et j'ai recours au dernier remède. Cet époux prétendu doit aujourd'hui régaler[5] sa maîtresse d'une promenade sur mer. Sans t'en avoir rien dit[6], toutes choses sont préparées pour satisfaire mon amour, et j'ai une petite barque et des gens[7] avec quoi fort facilement je prétends enlever la belle.

SGANARELLE. Ha ! Monsieur...[8]

DOM JUAN. Hein ?

SGANARELLE. C'est fort bien fait à vous, et vous le prenez comme il faut. Il n'est rien de tel en ce monde que de se contenter.

DOM JUAN. Prépare-toi donc à venir avec moi, et prends soin toi-même d'apporter toutes mes armes, afin que... *(Il aperçoit Done Elvire.)* Ah ! rencontre

---

1. D'emblée, je ne pus supporter...   2. Les éveilla, les mit en branle.
3. Leur entente.   4. La chatouilleuse susceptibilité.   5. Lui donner le plaisir. « Sa maîtresse » est ici synonyme de « fiancée ».   6. Sans que je t'en aie rien dit, j'ai tout préparé...   7. Des complices.   8. Sganarelle s'apprête à pousser les hauts cris. Il est aussitôt remis à sa place par Dom Juan, qui le prend de haut ; un froncement de sourcil suffit : il ne bronche plus.

fâcheuse ! Traître, tu ne m'avais pas dit qu'elle était ici elle-même[1].

SGANARELLE. Monsieur, vous ne me l'avez pas demandé.

DOM JUAN. Est-elle folle de n'avoir pas changé d'habits, et de venir en ce lieu-ci avec son équipage de campagne[2] ?

Scène 3

DONE ELVIRE, DOM JUAN, SGANARELLE

DONE ELVIRE. Me ferez-vous la grâce, Dom Juan, de vouloir bien me reconnaître ? et puis-je au moins espérer que vous daigniez tourner le visage de ce côté ?

DOM JUAN. Madame, je vous avoue que je suis surpris, et que je ne vous attendais pas ici.

DONE ELVIRE. Oui, je vois bien que vous ne m'y attendiez pas ; et vous êtes surpris, à la vérité, mais tout autrement que je ne l'espérais ; et la manière dont vous le paraissez me persuade pleinement ce que je refusais de croire. J'admire ma simplicité[3] et la faiblesse de mon cœur à douter d'une trahison que tant d'apparences me confirmaient. J'ai été assez bonne, je le confesse, ou plutôt assez sotte, pour me vouloir tromper moi-même et travailler à démentir mes yeux et mon jugement. J'ai cherché des raisons pour excuser à ma tendresse le relâchement d'amitié qu'elle voyait en vous ; et je me suis forgé exprès cent sujets légitimes d'un départ si pré-

---

1. Dom Juan devait pourtant s'en douter : la fonction de Gusman l'oblige à suivre partout sa maîtresse ; quand on le voit, elle ne se trouve pas loin.
2. Les vêtements qu'elle porte à la campagne, ou du moins sa tenue de voyage, puisqu'elle s'est mise « en campagne » (I, 1) afin de rattraper Dom Juan.   3. Ma naïveté.

cipité, pour vous justifier du crime dont ma raison
vous accusait. Mes justes soupçons chaque jour
avaient beau me parler, j'en rejetais la voix qui vous
rendait criminel à mes yeux, et j'écoutais avec plaisir mille chimères ridicules qui vous peignaient
innocent à mon cœur. Mais enfin cet abord [1] ne me
permet plus de douter, et le coup d'œil qui m'a
reçue m'apprend bien plus de choses que je ne voudrais en savoir. Je serai bien aise pourtant d'ouïr de
votre bouche les raisons de votre départ. Parlez,
Dom Juan, je vous prie, et voyons de quel air [2] vous
saurez vous justifier.

Dom Juan. Madame, voilà Sganarelle qui sait pourquoi je suis parti.

Sganarelle, *bas à Dom Juan.* Moi ? Monsieur, je n'en
sais rien [3], s'il vous plaît.

Done Elvire. Eh bien ! Sganarelle, parlez. Il n'importe
de quelle bouche j'entende ces raisons.

Dom Juan, *faisant signe d'approcher à Sganarelle.*
Allons, parle donc à Madame.

Sganarelle, *bas à Dom Juan.* Que voulez-vous que je
dise ?

Done Elvire. Approchez, puisqu'on le veut ainsi, et
me dites [4] un peu les causes d'un départ si prompt.

Dom Juan. Tu ne répondras pas ?

---

1. Cette façon de me recevoir. « Le coup d'œil qui m'a reçue » : le regard
qu'à mon arrivée vous m'avez lancé. On devine sans mal qu'il exprimait
l'indifférence, l'agacement, le mépris.   2. « Manière, façon, sorte »
(Richelet). Mais le mot d'« air » indique assez qu'elle ne compte plus guère
sur sa sincérité. Aussi ne se risque-t-il pas à se justifier et s'en remet-il,
pour sa défense, à son valet : rien de plus insultant pour elle. Par cette
attitude, il se montre encore plus cruel que lâche et s'amuse de l'embarras
dans lequel il met le pauvre Sganarelle.   3. Sganarelle pourtant le sait
fort bien depuis la scène précédente. Mais il souhaiterait être dispensé de
cette responsabilité délicate, dont il sollicite aussi poliment que discrète-
ment d'être déchargé, comme l'indique le « s'il vous plaît » qui termine sa
réplique.   4. Et dites-moi. Le pronom complément, au XVIIᵉ siècle est
mis le plus souvent devant un verbe à l'impératif, lorsqu'il en suit un autre,
au même mode, avec lequel il est coordonné.

SGANARELLE, *bas à Dom Juan.* Je n'ai rien à répondre. Vous vous moquez de votre serviteur.

DOM JUAN. Veux-tu répondre, te dis-je ?

SGANARELLE. Madame...

DONE ELVIRE. Quoi ?...

SGANARELLE, *se retournant vers son maître.* Monsieur...

DOM JUAN. Si...[1]

SGANARELLE. Madame, les conquérants, Alexandre et les autres mondes sont cause de notre départ. Voilà, Monsieur, tout ce que je puis dire.

DONE ELVIRE. Vous plaît-il, Dom Juan, nous éclaircir[2] ces beaux mystères ?

DOM JUAN. Madame, à vous dire la vérité...

DONE ELVIRE. Ah ! que vous savez mal vous défendre pour un homme de cour, et qui doit être accoutumé à ces sortes de choses ! J'ai pitié de vous voir la confusion que vous avez. Que ne vous armez-vous le front d'une noble effronterie ? Que ne me jurez-vous que vous êtes toujours dans les mêmes sentiments pour moi, que vous m'aimez toujours avec une ardeur sans égale, et que rien n'est capable de vous détacher de moi que la mort ? Que ne me dites-vous que des affaires de la dernière conséquence[3] vous ont obligé à partir sans m'en donner avis ; qu'il faut que, malgré vous, vous demeuriez ici quelque temps, et que je n'ai qu'à m'en retourner d'où je viens, assurée que vous suivrez mes pas le plus tôt qu'il vous sera possible ; qu'il est certain que vous brûlez de me rejoindre, et qu'éloigné de moi, vous souffrez ce que souffre

---

1. Ce « si » qui reste en suspens annonce vraisemblablement une menace telle que : si tu ne m'obéis pas, gare ! On conçoit que Sganarelle, prenant les devants, s'empresse d'obtempérer tant bien que mal, sans toutefois dévoiler que son maître a jeté son dévolu sur une autre proie, par crainte de s'attirer un châtiment pire encore. 2. On dirait aujourd'hui : vous plaît-il [...] de nous éclaircir... 3. De la plus grande importance.

un corps qui est séparé de son âme ? Voilà comme
il faut vous défendre, et non pas être interdit
comme vous êtes[1].

DOM JUAN. Je vous avoue, Madame, que je n'ai point
le talent de dissimuler, et que je porte un cœur sin-
cère. Je ne vous dirai point que je suis toujours dans
les mêmes sentiments pour vous et que je brûle de
vous rejoindre, puisque enfin il est assuré que je ne
suis parti que pour vous fuir ; non point par les raisons que vous pouvez vous figurer, mais par un pur
motif de conscience[2], et pour ne croire pas qu'avec
vous davantage je puisse vivre sans péché. Il m'est
venu des scrupules, Madame, et j'ai ouvert les yeux
de l'âme sur ce que je faisais. J'ai fait réflexion que,
pour vous épouser, je vous ai dérobée à la clôture
d'un convent, que vous avez rompu des vœux qui
vous engageaient autre part, et que le Ciel est fort
jaloux de ces sortes de choses. Le repentir m'a pris,
et j'ai craint le courroux céleste. J'ai cru que notre
mariage n'était qu'un adultère déguisé[3], qu'il nous

---

1. Relativement courte et limpide, la tirade, presque, prend valeur d'incantation et de litanie. Done Elvire y montre la voie, quatre années à l'avance,
aux récriminations que prêtera Guilleragues, en 1669, à sa religieuse portugaise. Elle y mendie l'aumône d'une excuse, même fictive, et se décharge
de tout ce qu'elle a ruminé depuis le départ de Dom Juan, qui ne lui refuse
durement cette charité que pour invoquer avec cynisme le seul prétexte qui
ne lui serait venu jamais à l'esprit. Bien avant sa feinte conversion du dernier acte, il se conduit en émule de Tartuffe et prend pour pallier ses torts
le manteau de la religion. Mais il cherche moins à la tromper vraiment qu'à
la renvoyer, pour l'humilier, à ses convictions religieuses : excellent moyen
pour se débarrasser d'elle définitivement et qui semble réussir, puisque la
voilà désillusionnée sur son compte.   2. Cette sincérité rappelle un peu
celle de Tartuffe quand, accusé par Damis, il plaide coupable (III, 5), mais
afin de mieux tromper son monde par une attitude édifiante dont, ici, son
interlocutrice n'est pas dupe.   3. Toute religieuse, lorsqu'elle prend le
voile, devient en quelque manière l'épouse mystique du Christ. L'enlèvement d'Elvire et son mariage doivent être par conséquent regardés comme
l'équivalent d'un adultère d'autant plus sacrilège que, déjà plus d'une fois
marié, Dom Juan ne pouvait légalement contracter de nouvelle union.

attirerait quelque disgrâce[1] d'en haut, et qu'enfin je devais tâcher de vous oublier et vous donner moyen de retourner à vos premières chaînes. Voudriez-vous, Madame, vous opposer à une si sainte pensée, et que j'allasse, en vous retenant, me mettre le Ciel sur les bras, que par... ?

DONE ELVIRE. Ah ! scélérat, c'est maintenant que je te[2] connais tout entier, et, pour mon malheur, je te connais lorsqu'il n'en est plus temps, et qu'une telle connaissance ne peut plus me servir qu'à me désespérer. Mais sache que ton crime ne demeurera pas impuni, et que le même Ciel dont tu te joues me saura venger de ta perfidie.

DOM JUAN. Sganarelle, le Ciel !

SGANARELLE. Vraiment oui, nous nous moquons bien de cela, nous autres ![3]

DOM JUAN. Madame...

DONE ELVIRE. Il suffit. Je n'en veux pas ouïr davantage, et je m'accuse même d'en avoir trop entendu. C'est une lâcheté que de se faire expliquer trop sa honte[4] ; et, sur de tels sujets, un noble cœur, au premier mot, doit prendre son parti. N'attends pas que j'éclate ici en reproches et en injures : non, non, je n'ai point un courroux à exhaler en paroles vaines, et toute sa chaleur se réserve pour sa vengeance. Je te le dis encore, le Ciel te punira, perfide, de l'outrage que tu me fais ; et si le Ciel n'a rien que tu

---

1. Quelque châtiment. Le libertin ne peut s'empêcher d'en parler à la légère. Même ironie blasphématoire dans l'expression « me mettre le Ciel sur les bras », qu'un dévot n'entendrait pas sans y soupçonner, non sans raison, du libertinage.   2. Le passage au tutoiement traduit l'indignation et le mépris d'Elvire.   3. Comparer avec la réplique du même Sganarelle à la première scène : « Eh oui, sa qualité », etc. Ici, Dom Juan simule un effroi qu'il ne ressent point. Son valet se méprend, force la note, et vend la mèche.   4. De trop tarder à réagir, quand on reçoit un affront, comme si l'on ne se sentait pas offensé parce qu'on n'a pas compris qu'on cherche à vous humilier.

puisses appréhender, appréhende du moins la
colère d'une femme offensée[1].

Elle sort.

SGANARELLE, *à part.* Si le remords le pouvait prendre !

DOM JUAN, *après une petite réflexion.* Allons songer à
l'exécution de notre entreprise amoureuse.

SGANARELLE, *seul.* Ah ! quel abominable maître me
vois-je obligé de servir !

---

1. « Et si le Ciel n'a rien », « appréhende du moins », « d'une femme offensée » : la prose, ici, tend vers l'« alexandrin », dont toutefois les hémistiches,
sous le coup de l'émotion violente que ressent Done Elvire, demeurent
épars et ne parviennent pas à se réunir. Le mot clé (« la colère ») se trouve
ainsi mis en relief par son intercalation entre deux membres de phrase qui,
sans lui, formeraient l'équivalent d'un vers.

ACTE II

Scène 1

CHARLOTTE, PIERROT

CHARLOTTE. Nostre-Dinse[1], Piarrot, tu t'es trouvé là bien à point.

PIERROT. Parquienne ! il ne s'en est pas fallu l'époisseur d'une éplinque qu'ils ne se sayant nayés tous deux.

CHARLOTTE. C'est donc le coup de vent da matin qui les avoit renvarsés dans la mar ?

PIERROT. Aga, guien, Charlotte, je m'en vas te conter tout fin[2] drait comme cela est venu ; car, comme dit l'autre, je les ai le premier avisés, avisés le premier je les ai. Enfin donc j'estions sur le bord de la mar, moi et le gros Lucas, et je nous amusions à batifoler[3] avec des mottes de tarre que je nous jesquions à la tête ; car, comme tu sais bian, le gros Lucas aime à batifo-

---

1. Voir p. 169 le Glossaire du langage paysan. D'entrée, Charlotte est présentée comme un double rustique d'Elvire, imprégnée aussi de religion, mais plus naïvement : son « Nostre-Dinse » vaut comme une garantie d'honnêteté. La différence entre l'une et l'autre peut être comparée dans une certaine mesure à celle qui sépare, chez Musset, Rosette de Camille, dans *On ne badine pas avec l'amour*. 2. « Fin, observe Furetière, se dit aussi quelquefois adverbialement pour donner plus de force à l'expression [...] Ce chemin va tout fin droit où vous désirez. » Donc, ici : très exactement comment c'est arrivé. 3. « Batifoler : terme populaire qui se dit de ceux qui s'amusent à se jouer et à badiner les uns avec les autres, particulièrement des paysans et des paysannes » (Furetière).

ler, et moi par fouas je batifole itou. En batifolant
donc, pisque batifoler y a, j'ai aparçu de tout loin
queuque chose qui grouilloit dans gliau, et qui venoit
comme envars nous par secousse. Je voyois cela
fixiblement, et pis tout d'un coup je voyois que je ne
voyois plus rien. « Eh ! Lucas, ç'ai-je fait, je pense
que vlà des hommes qui nageant là-bas. — Voire, ce
m'a-t-il fait, t'as été au trépassement d'un chat, t'as
la vue trouble[1]. — Palsanquienne, ç'ai-je fait, je n'ai
point la vue trouble : ce sont des hommes. — Point
du tout, ce m'a-t-il fait, t'as la barlue. — Veux-tu
gager[2], ç'ai-je fait, que je n'ai point la barlue, ç'ai-je
fait, et que sont deux hommes, ç'ai-je fait, qui
nageant droit ici ? ç'ai-je fait. — Morquenne ! ce
m'a-t-il fait, je gage que non. — O çà ! ç'ai-je fait,
veux-tu gager dix sols que si ? — Je le veux bian, ce
m'a-t-il fait ; et pour te montrer, vlà argent su jeu[3] »,
ce m'a-t-il fait. Moi, je n'ai point été ni fou, ni étourdi ; j'ai bravement bouté à tarre quatre pièces
tapées[4], et cinq sols en doubles, jerniguenne, aussi

---

1. Ici, Molière utilise une réplique du valet Alaigre, dans la très curieuse
Comédie des proverbes, composée en 1616 par Adrien de Montluc, comte de
Cramail. On y lit en effet, à la scène 5 de l'acte II : « Tu as la berlue : je
crois que tu as été au trépassement d'un chat ; tu vois trouble. » « Voire » :
« Terme populaire et ironique » (Furetière), avec la valeur, ici, de : ce n'est
pas possible, tu as été, etc.   2. Parier.   3. Voilà ce que je mets au
jeu, ma mise, mon enjeu (autrement dit les dix sous qu'il a « gagés ». Plus
loin, « bouté » : mis. Furetière, de « bouter », écrit : « Vieux mot [...] mais
qui ne se dit plus que par le bas peuple et les paysans, et en Picar-
die. »   4. « Sous marqués d'une fleur de lis au milieu ; ce qui augmente
leur valeur du Parisis » (Furetière), autrement dit dans les environs de
Paris : point de sols tapés à Tours, où se frappaient les sols tournois. Elle
ajoutait au sou le quart de sa valeur. Pierrot ne peut compléter la somme
qu'en très menue monnaie : le double valant deux deniers, et le denier le
douzième d'un sou, il en faut trente pour aligner cinq sous : il doit vider le
fond de sa bourse : « bravement », « hardiment », à prendre au pied de la
lettre, attestent qu'il jouait gros, même si la somme reste modique. « Hasardeux » : « celui qui hasarde, qui risque » (Furetière). Pierrot aime tenter sa
chance. Il ne mise en réalité qu'à coup sûr et sans danger, comme le précise
la suite. Son audace prétendue se révèle une fanfaronnade. « Aller à la
débandade » : « c'est-à-dire à la manière des soldats qui se débandent, qui

hardiment que si j'avois avalé un varre de vin ; car je
ses hasardeux, moi, et je vas à la débandade. Je savois
bian ce que je faisois pourtant. Queuque gniais !
Enfin donc, je n'avons pas putôt eu gagé, que j'avons
vu les deux hommes tout à plain, qui nous faisiant
signe de les aller querir [1] ; et moi de tirer auparavant
les enjeux. « Allons, Lucas, ç'ai-je dit, tu vois bian
qu'ils nous appelont : allons vite à leu secours.
— Non, ce m'a-t-il dit, ils m'ont fait pardre. » O !
donc, tanquia qu'à la parfin, pour le faire court, je
l'ai tant sarmonné, que je nous sommes boutés dans
une barque, et pis j'avons tant fait cahin caha, que je
les avons tirés de gliau, et pis je les avons menés
cheux nous auprès du feu, et pis ils se sant dépouillés
tous nus pour se sécher, et pis il y en est venu encore
deux de la même bande, qui s'equiant sauvés tout
seuls, et pis Mathurine est arrivée là, à qui l'en a fait
les doux yeux. Vlà justement, Charlotte, comme
tout ça s'est fait.

CHARLOTTE. Ne m'as-tu pas dit, Piarrot, qu'il y en a
un qu'est bien pu mieux fait [2] que les autres ?

PIERROT. Oui, c'est le maître. Il faut que ce soit
queuque gros, gros Monsieur, car il a du dor à son
habit tout depis le haut jusqu'en bas ; et ceux qui
le servont sont des monsieux eux-mêmes ; et sta-
pandant, tout gros monsieur qu'il est, il seroit, par
ma fique, nayé, si je n'aviomme été là.

CHARLOTTE. Ardez un peu ! [3]

vivent en libertinage et sans discipline » (Furetière), maraudant comme à
plaisir sans se soucier d'être sévèrement punis s'ils sont pris.
1. Querir : chercher ; « tirer... les enjeux » : rafler la mise ; « O donc » : Or
donc ; « À la parfin : adverbe augmentatif de celui d'enfin, en fin finale. Il vieil-
lit » (Furetière).   2. Qui est bien mieux fait. « Pu », pour : plus, mais redon-
dant puisque « mieux » présente déjà la valeur d'un comparatif.
3. Regardez un peu, voyez-moi ça ! À la réplique suivante, « sa maine de
fèves » : son demi-setier de fèves. « On dit [...] populairement, il en a pour sa
mine de fève, quand on parle de celui qui a souffert perte ou dommage »
(Furetière).

PIERROT. O ! parquenne, sans nous, il en avoit pour sa maine de fèves.

CHARLOTTE. Est-il encore cheux toi tout nu, Piarrot ?

PIERROT. Nannain : ils l'avont rhabillé tout devant nous. Mon quieu, je n'en avois jamais vu s'habiller. Que d'histoires et d'angigorniaux[1] boutont ces Messieus-là les courtisans ! Je me pardrois là dedans, pour moi, et j'étois tout ébobi de voir ça. Quien, Charlotte, ils avont des cheveux qui ne tenont point à leu tête ; et ils boutont ça après tout, comme un gros bonnet de filace[2]. Ils ant des chemises qui ant des manches où j'entrerions tout brandis[3], toi et moi. En glieu d'haut-de-chausse[4], ils portont un garde-robe aussi large que d'ici à Pâque ; en glieu de pourpoint, de petites brassières qui ne leu venont pas usqu'au brichet ; et en glieu

---

1. « Angigorniaux » : mot expressif, évocateur de vêtements ou d'accessoires aussi bizarres que superflus et compliqués, dont Pierrot ignore l'usage et le nom, comme en témoigne le vague de ses termes (« Que d'histoires », etc.) et comme lui-même l'avoue immédiatement après.
2. « Filace » : filasse, il s'agit de la perruque. Pierrot n'en a manifestement jamais encore vu.   3. « Tout brandis » : « On dit proverbialement enlever quelqu'un tout brandi pour dire : à vive force, l'enlever tout d'un coup » (Furetière).   4. Le « haut-de-chausse » désigne la « partie de l'habit de l'homme qui prend depuis les reins jusqu'aux genoux et qui est composée d'une ceinture, d'un devant et d'un derrière » (Richelet). « Garde-robe » : « ce que les femmes de basse condition mettent par-dessus leur robe pour la conserver. En ce sens il est toujours masculin » (*Dictionnaire* de l'Académie française, 1694). « Pourpoint » : « Habillement d'homme pour la partie supérieure du corps depuis le cou jusqu'à la ceinture » (Furetière). « Brassières » : espèce de chemisette. « Usqu'au brichet » : jusqu'au bréchet, autrement dit le sternum. « Rabat : pièce de toile que les hommes mettent autour du collet, tant pour l'ornement que pour la propreté » (Furetière). « Mouchoir de col » ou de cou : cette appellation désigne, selon Furetière, un « linge garni de dentelles, dont les dames se servent pour cacher et pour parer leur gorge ». On s'étonne que Pierrot connaisse l'expression ; Molière parle à travers lui, se moquant d'une mode masculine qui porte le sexe fort à rivaliser de coquetterie avec les femmes. « Reziau » : réseau, « ouvrage de fil ou de soie tissu et entrelacé, où il y a des mailles et des ouvertures. Mais il existe aussi sous ce nom des ouvrages de fil de dentelle qu'on fait sur les réseaux, qui servent particulièrement aux gens de campagne » (Furetière).

de rabats, un grand mouchoir de cou à reziau,
aveuc quatre grosses houppes de linge qui leu pen-
dont sur l'estomaque. Ils avont itou d'autres petits
rabats au bout des bras, et de grands entonnois de
passement aux jambes, et parmi tout ça tant de
rubans, tant de rubans, que c'est une vraie piquié.
Igna pas jusqu'aux souliers qui n'en soient farcis
tout depuis un bout jusqu'à l'autre ; et ils sont faits
d'eune façon que je me romprois le cou aveuc.

CHARLOTTE. Par ma fi, Piarrot, il faut que j'aille voir
un peu ça.

PIERROT. O ! acoute un peu auparavant, Charlotte, j'ai
queuque autre chose à te dire, moi.

CHARLOTTE. Eh bian ! dis, qu'est-ce que c'est ?

PIERROT. Vois-tu, Charlotte, il faut, comme dit l'autre,
que je débonde mon cœur[1]. Je t'aime, tu le sais
bian, et je sommes pour être mariés ensemble ;
mais marquenne, je ne suis point satisfait de toi.

CHARLOTTE. Quement ? qu'est-ce que c'est donc
qu'iglia ?

PIERROT. Iglia que tu me chagraignes l'esprit, franchement.

CHARLOTTE. Et quement donc ?

PIERROT. Testiguienne ! tu ne m'aimes point.

CHARLOTTE. Ah ! ah ! n'est-ce que ça ?

PIERROT. Oui, ce n'est que ça, et c'est bian assez.

CHARLOTTE. Mon quieu, Piarrot, tu me viens toujou
dire la même chose.

PIERROT. Je te dis toujou la même chose, parce que
c'est toujou la même chose ; et si ce n'étoit pas toujou la même chose, je ne te dirois pas toujou la
même chose.

CHARLOTTE. Mais qu'est-ce qu'il te faut ? Que veux-
tu ?

PIERROT. Jerniquenne ! je veux que tu m'aimes.

---

1. Formule imagée pour dire : que je parle à cœur ouvert.

CHARLOTTE. Est-ce que je ne t'aime pas ?

PIERROT. Non, tu ne m'aimes pas ; et si, je fais tout ce que je pis pour ça : je t'achète, sans reproche, des rubans à tous les marciers qui passont ; je me romps le cou à t'aller dénicher des marles ; je fais jouer pour toi les vielleux quand ce vient ta fête ; et tout ça, comme si je me frappois la tête contre un mur. Vois-tu, ça [n'est] ni biau ni honneste de n'aimer pas les gens qui nous aimont.

CHARLOTTE. Mais, mon guieu, je t'aime aussi.

PIERROT. Oui, tu m'aimes d'une belle deguaine [1] !

CHARLOTTE. Quement veux-tu donc qu'on fasse ?

PIERROT. Je veux que l'en fasse comme l'en fait quand l'en aime comme il faut.

CHARLOTTE. Ne t'aimé-je pas aussi comme il faut ?

PIERROT. Non : quand ça est, ça se voit, et l'en fait mille petites singeries [2] aux personnes quand on les aime du bon du cœur. Regarde la grosse Thomasse, comme elle est assotée [3] du jeune Robain : alle est toujou autour de li à l'agacer, et ne le laisse jamais en repos ; toujou al li fait queuque niche ou li baille [4] queuque taloche en passant ; et l'autre jour qu'il estoit assis sur un escabiau, al fut le tirer de dessous li, et le fit choir tout de son long par tarre. Jarni ! vlà où l'en voit les gens qui aimont ; mais toi, tu ne me dis jamais mot, t'es toujou là comme eune vraie souche de bois, et je passerois vingt fois devant toi,

1. « Dégaine : vieux mot, note Furetière [il ne se doutait pas de la fortune qu'il devait retrouver par la suite dans le langage familier], qui n'est en usage que dans cette phrase proverbiale : il s'y prend d'une belle dégaine, pour dire : de mauvaise grâce, d'une vilaine manière. »   2. « Singeries : ce mot se dit des personnes et particulièrement des jeunes personnes et veut dire actions et postures plaisantes et badines et qui tiennent quelque chose de celles du singe » (Richelet).   3. La fille de Thomas, combien de sottises ne lui suggère pas l'amour dont elle s'est éprise pour Robain (Robin).   4. Lui donne.

que tu ne te grouillerois[1] pas pour me bailler le
moindre coup, ou me dire la moindre chose. Ventrequenne ! ça n'est pas bian, après tout, et t'es trop
froide pour les gens.

CHARLOTTE. Que veux-tu que j'y fasse ? C'est mon
himeur, et je ne me pis refondre[2].

PIERROT. Ignia himeur qui quienne. Quand en a l'amiquié pour les personnes, l'an en baille toujou
queuque petite signifiance[3].

CHARLOTTE. Enfin je t'aime tout autant que je pis, et
si tu n'es pas content de ça, tu n'as qu'à en aimer
queuque autre.

PIERROT. Eh bien ! vlà pas mon compte. Testigué ! si
tu m'aimois, me dirois-tu ça ?

CHARLOTTE. Pourquoi me viens-tu aussi tarabuster
l'esprit ?

PIERROT. Morqué ! queu mal te fais-je ? Je ne te
demande qu'un peu d'amiquié.

CHARLOTTE. Eh bian ! laisse faire aussi, et ne me presse
point tant. Peut-être que ça viendra tout d'un coup
sans y songer.

PIERROT. Touche donc là[4], Charlotte.

CHARLOTTE. Eh bien ! quien.

PIERROT. Promets-moi donc que tu tâcheras de m'aimer davantage.

CHARLOTTE. J'y ferai tout ce que je pourrai, mais il
faut que ça vienne de lui-même. Piarrot, est-ce là
ce Monsieur ?

---

1. Grouiller signifie, à l'époque de Molière, non pas comme aujourd'hui : se
presser, mais seulement « se remuer » (Furetière, qui donne entre autres cet
exemple : « Quand ce goinfre est assis à table, il ne se grouillerait pas pour le
Pape. »)   2. « On dit proverbialement d'une personne incorrigible, qu'il la
faudrait refondre, qu'il faudrait qu'elle changeât de naturel » (Furetière).
3. Quelque signe. « Signifiance » n'est pas relevé par les dictionnaires de
l'époque. Remontant au Moyen Âge, il ne s'est conservé que dans le langage
populaire, alors qu'insignifiance est resté bien vivant.   4. « Toucher là »
vient, selon Furetière de ce « qu'on a coutume de se toucher la main pour
conclure un marché, ou en signe de bienveillance ».

PIERROT. Oui, le vlà.

CHARLOTTE. Ah ! mon quieu, qu'il est genti[1], et que ç'auroit été dommage qu'il eût été nayé !

PIERROT. Je revians tout à l'heure : je m'en vas boire chopaine pour me rebouter[2] tant soit peu de la fatigue que j'ais eue.

Scène 2

DOM JUAN, SGANARELLE, CHARLOTTE

DOM JUAN. Nous avons manqué notre coup, Sganarelle, et cette bourrasque imprévue a renversé avec notre barque le projet que nous avions fait ; mais, à te dire vrai, la paysanne[3] que je viens de quitter répare ce malheur, et je lui ai trouvé des charmes qui effacent de mon esprit tout le chagrin que me donnait le mauvais succès[4] de notre entreprise. Il ne faut pas que ce cœur m'échappe, et j'y ai déjà jeté des dispositions à ne pas me souffrir longtemps de pousser des soupirs[5].

SGANARELLE. Monsieur, j'avoue que vous m'étonnez. À peine sommes-nous échappés d'un péril de mort, qu'au lieu de rendre grâce au Ciel de la pitié qu'il a daigné prendre de nous, vous travaillez tout de nouveau à attirer sa colère par vos fantaisies accoutumées et vos amours cr...[6] Paix ! coquin que vous

---

1. « Genti » : gentil, au sens de « beau, joli, mignon » (Furetière). Charlotte est séduite à sa seule vue. Aussi quelle différence avec un rustaud tel que Pierrot !   2. « Me rebouter » : me remettre (comparer avec rebouteux ou rebouteur. Le mot manque dans les dictionnaires du temps : il appartient au langage des paysans.   3. Il s'agit de Mathurine, évoquée déjà par Pierrot dans la première scène de cet acte (voir page 69).   4. Résultat, indifféremment heureux ou non.   5. Telles que le cœur de cette villageoise ne devrait pas me laisser longtemps soupirer pour elle : sa résistance ne durera guère.   6. Sganarelle allait dire : criminelles ; il se reprend, par crainte de fâcher son maître, et feint de se réprimander lui-même : aparté, mais à voix haute, pour qu'il soit entendu de son interlocuteur.

êtes ; vous ne savez ce que vous dites, et Monsieur
sait ce qu'il fait. Allons.

Dom Juan, *apercevant Charlotte.* Ah ! ah ! d'où sort
cette autre paysanne, Sganarelle ? As-tu rien vu de
plus joli ? et ne trouves-tu pas, dis-moi, que celle-
ci vaut bien l'autre ?

Sganarelle. Assurément. Autre pièce [1] nouvelle.

Dom Juan. D'où me vient, la belle, une rencontre si
agréable ? Quoi ? dans ces lieux champêtres, parmi
ces arbres et ces rochers, on trouve des personnes
faites comme vous êtes ?

Charlotte. Vous voyez, Monsieur.

Dom Juan. Êtes-vous de ce village ?

Charlotte. Oui, Monsieur.

Dom Juan. Et vous y demeurez ?

Charlotte. Oui, Monsieur.

Dom Juan. Vous vous appelez ?

Charlotte. Charlotte, pour vous servir.

Dom Juan. Ah ! la belle personne, et que ses yeux sont
pénétrants [2] !

Charlotte. Monsieur, vous me rendez toute honteuse.

Dom Juan. Ah ! n'ayez point de honte d'entendre dire
vos vérités. Sganarelle, qu'en dis-tu ? Peut-on rien
voir de plus agréable ? Tournez-vous un peu, s'il
vous plaît. Ah ! que cette taille est jolie ! Haussez
un peu la tête, de grâce. Ah ! que ce visage est
mignon ! Ouvrez vos yeux entièrement. Ah ! qu'ils
sont beaux ! Que je voie un peu vos dents, je vous

---

1. Non pièce de théâtre, mais, selon toute vraisemblance, au sens que
« pièce » prend dans les expressions : « Jouer pièce à quelqu'un, lui faire
pièce, pour dire lui faire quelque supercherie, quelque affront, lui causer
quelque dommage, ou raillerie » (Furetière). En d'autres termes, Dom Juan
l'abuse, comme tant d'autres auparavant. Il ne songe qu'à la déshonorer et
se moquer cyniquement d'elle.   2. Dom Juan ne veut pas dire que les
yeux de Charlotte expriment la pénétration de son esprit, mais que leur
beauté produit une impression profonde. De même, plus bas, pour les
dents, qualifiées d'« amoureuses » parce que propres à donner de l'amour.

prie. Ah ! qu'elles sont amoureuses, et ces lèvres
appétissantes ! Pour moi, je suis ravi, et je n'ai
jamais vu une si charmante personne.

CHARLOTTE. Monsieur, cela vous plaît à dire[1], et je ne
sais pas si c'est pour vous railler de moi.

DOM JUAN. Moi, me railler de vous ? Dieu m'en garde !
je vous aime trop pour cela, et c'est du fond du
cœur que je vous parle.

CHARLOTTE. Je vous suis bien obligée, si ça est.

DOM JUAN. Point du tout, vous ne m'êtes point obligée
de tout ce que je dis, et ce n'est qu'à votre beauté
que vous en êtes redevable.

CHARLOTTE. Monsieur, tout ça est trop bien dit pour
moi, et je n'ai pas d'esprit pour vous répondre.

DOM JUAN. Sganarelle, regarde un peu ses mains.

CHARLOTTE. Fi ! Monsieur, elles sont noires comme je
ne sais quoi.

DOM JUAN. Ha ! que dites-vous là ? Elles sont les plus
belles du monde ; souffrez que je les baise, je vous
prie.

CHARLOTTE. Monsieur, c'est trop d'honneur que vous
me faites, et, si j'avais su ça tantôt, je n'aurais pas
manqué de les laver avec du son[2].

DOM JUAN. Et dites-moi un peu, belle Charlotte, vous
n'êtes pas mariée, sans doute ?

CHARLOTTE. Non, Monsieur ; mais je dois bientôt
l'être avec Piarrot, le fils de la voisine Simonette.

DOM JUAN. Quoi ! une personne comme vous serait la

---

1. « Cela vous plaît à dire » : formule qu'on emploie, explique Furetière,
« quand on veut contredire avec honnêteté » et qu'on oppose aux louanges
qu'on reçoit une dénégation qu'on veut polie. De même la phrase suivante
doit être comprise comme signifiant non pas : « Je ne suis pas sûre que
vous ne vous moquiez pas de moi » (réaction d'une coquette), mais : « J'ai
vaguement l'impression, sauf votre respect, que vous vous moquez de moi »
(observation — pénétrante, cette fois ! — d'une ingénue moins naïve que
Dom Juan l'escomptait, puisqu'elle se méfie de l'enjôleur.   2. On ne
s'en sert que pour se décrasser les mains quand elles se trouvent extrême-
ment sales.

femme d'un simple paysan ? Non, non, c'est profa-
ner tant de beautés, et vous n'êtes pas née pour
demeurer dans un village. Vous méritez sans doute
une meilleure fortune, et le Ciel, qui le connaît
bien[1], m'a conduit ici tout exprès pour empêcher
ce mariage, et rendre justice à vos charmes ; car
enfin, belle Charlotte, je vous aime de tout mon
cœur, et il ne tiendra qu'à vous que je vous arrache
de ce misérable lieu, et ne[2] vous mette dans l'état
où vous méritez d'être. Cet amour est bien prompt
sans doute ; mais quoi ! c'est un effet, Charlotte, de
votre grande beauté, et l'on vous aime autant en un
quart d'heure, qu'on ferait[3] une autre en six mois.

CHARLOTTE. Aussi vrai[4], Monsieur, je ne sais comment
faire quand vous parlez. Ce que vous dites me fait
aise[5], et j'aurois toutes les envies du monde de vous
croire ; mais on m'a toujou dit qu'il ne faut jamais
croire les Monsieux, et que vous autres courtisans
êtes des enjôleus[6], qui ne songez qu'à abuser les
filles.

DOM JUAN. Je ne suis pas de ces gens-là.

SGANARELLE. Il n'a garde[7].

CHARLOTTE. Voyez-vous, Monsieur, il n'y a pas plaisir[8]
à se laisser abuser. Je suis une pauvre paysanne ; mais

---

1. Qui le sait bien.   2. Il semble qu'il manque un « ne » devant « vous
arrache », comme devant « mette » ou, mais de manière moins satisfaisante,
qu'on doive supprimer comme superflu ce dernier « ne ».   3. Qu'on
aimerait une autre.   4. Tournure elliptique. « On dit par manière de ser-
ment », remarque Furetière (article « vrai »), « aussi vrai qu'il n'y a qu'un
Dieu, aussi vrai que l'Évangile, aussi vrai qu'il faut mourir ; et ironiquement, aussi vrai qu'il neige », ou même, comme ici, sans plus de précision,
aussi vrai, tout court.   5. M'est agréable.   6. « Des enjôleux » : des
enjôleurs. Richelet donne les deux formes.   7. Il s'en garde bien.
Remarque implicitement ironique, mais qui, de même que, plus haut « assurément » et, plus bas, « il se mariera avec vous tant que vous voudrez »,
appuie en apparence les propos tenus par son maître et semble cautionner
leur sincérité.   8. Et même c'est très désagréable : « il n'y a pas plaisir »
prend valeur de litote.

j'ai l'honneur en recommandation[1], et j'aimerois
mieux me voir morte, que de me voir déshonorée.

DOM JUAN. Moi, j'aurais l'âme assez méchante pour
abuser une personne comme vous ? Je serais assez
lâche pour vous déshonorer ? Non, non, j'ai trop
de conscience[2] pour cela. Je vous aime, Charlotte,
en tout bien et en tout honneur ; et pour vous montrer que je vous dis vrai, sachez que je n'ai point
d'autre dessein que de vous épouser : en voulez-
vous un plus grand témoignage ? M'y voilà prêt
quand vous voudrez ; et je prends à témoin
l'homme que voilà de la parole que je vous donne.

SGANARELLE. Non, non, ne craignez point : il se
mariera avec vous tant que vous voudrez.

DOM JUAN. Ah ! Charlotte, je vois bien que vous ne me
connaissez pas encore. Vous me faites grand tort de
juger de moi par les autres ; et s'il y a des fourbes
dans le monde, des gens qui ne cherchent qu'à abuser des filles, vous devez me tirer du nombre, et ne
pas mettre en doute la sincérité de ma foi[3]. Et puis
votre beauté vous assure de tout. Quand on est faite
comme vous, on doit être à couvert de toutes ces
sortes de crainte ; vous n'avez point l'air, croyez-
moi, d'une personne qu'on abuse ; et pour moi, je
l'avoue, je me percerais le cœur de mille coups, si
j'avais eu la moindre pensée de vous trahir.

CHARLOTTE. Mon Dieu ! je ne sais si vous dites vrai,
ou non ; mais vous faites que l'on vous croit.

DOM JUAN. Lorsque vous me croirez, vous me rendrez
justice assurément, et je vous réitère encore la promesse que je vous ai faite. Ne l'acceptez-vous pas,
et ne voulez-vous pas consentir à être ma femme ?

---

1. « Recommandation » s'emploie, selon Furetière, pour signifier « l'estime
qu'on a d'une chose louable ». Il donne comme exemple pour illustrer cette
définition : « Une fille doit avoir sur toutes choses son honneur en recommandation. »   2. De scrupule.   3. De ma fidélité.

CHARLOTTE. Oui, pourvu que ma tante le veuille.

DOM JUAN. Touchez donc là, Charlotte, puisque vous le voulez bien de votre part.

CHARLOTTE. Mais au moins, Monsieur, ne m'allez pas tromper, je vous prie : il y aurait de la conscience à vous[1], et vous voyez comme j'y vais à la bonne foi.

DOM JUAN. Comment ? Il semble que vous doutiez encore de ma sincérité ! Voulez-vous que je fasse des serments épouvantables ? Que le Ciel...

CHARLOTTE. Mon Dieu, ne jurez point, je vous crois.

DOM JUAN. Donnez-moi donc un petit baiser pour gage de votre parole.

CHARLOTTE. Oh ! Monsieur, attendez que je soyons mariés, je vous prie ; après ça, je vous baiserai tant que vous voudrez.

DOM JUAN. Eh bien ! belle Charlotte, je veux tout ce que vous voulez ; abandonnez-moi seulement votre main, et souffrez que, par mille baisers, je lui exprime le ravissement où je suis...

Scène 3

DOM JUAN, SGANARELLE, PIERROT, CHARLOTTE

PIERROT, *se mettant entre deux et poussant Dom Juan.* Tout doucement, Monsieur, tenez-vous, s'il vous plaît. Vous vous échauffez trop, et vous pourriez gagner la purésie.

DOM JUAN, *repoussant rudement Pierrot.* Qui m'amène cet impertinent ?

PIERROT. Je vous dis qu'ou vous tegniez, et qu'ou ne caressiais point nos accordées[2].

---

1. Vous en seriez responsable devant Dieu 2. « Accordée : celle qui a promis et à qui on a promis aussi foi de mariage » (Richelet).

Dom Juan, *continue de le repousser.* Ah ! que de bruit !

Pierrot. Jerniquenne ! ce n'est pas comme ça qu'il faut pousser les gens.

Charlotte, *prenant Pierrot par le bras.* Et laisse-le faire aussi[1], Piarrot.

Pierrot. Quement ? que je le laisse faire ? Je ne veux pas, moi.

Dom Juan. Ah !

Pierrot. Testiguenne ! parce qu'ous êtes monsieu, ous viendrez caresser nos femmes à note barbe ? Allez-v's-en caresser les vôtres.

Dom Juan. Heu ?

Pierrot. Heu. *(Dom Juan lui donne un soufflet.)* Testigué ! ne me frappez pas. *(Autre soufflet.)* Oh ! jernigué ! *(Autre soufflet.)* Ventrequé ! *(Autre soufflet.)* Palsanqué ! Morquenne ! ça n'est pas bian de battre les gens, et ce n'est pas là la récompense de v's avoir sauvé d'être nayé.

Charlotte. Piarrot, ne te fâche point.

Pierrot. Je me veux fâcher ; et t'es une vilaine[2], toi, d'endurer qu'on te cajole.

Charlotte. Oh ! Piarrot, ce n'est pas ce que tu penses. Ce monsieur veut m'épouser, et tu ne dois pas te bouter en colère.

Pierrot. Quement ? Jerni ! tu m'es promise.

Charlotte. Ça n'y fait rien, Piarrot. Si tu m'aimes, ne dois-tu pas être bien aise que je devienne Madame[3] ?

Pierrot. Jerniqué ! non. J'aime mieux te voir crevée que de te voir à un autre.

Charlotte. Va, va, Piarrot, ne te mets point en peine : si je sis Madame, je te ferai gagner queuque chose,

---

1. Aussi, tu n'as qu'à le laisser faire.   2. « Fille ou femme de mauvaise vie » (Richelet).   3. Une dame appartenant à la noblesse, de simple paysanne qu'elle se trouvait par sa naissance.

et tu apporteras du beurre et du fromage cheux nous.

PIERROT. Ventrequenne ! je gni en porterai jamais, quand tu m'en poyerois deux fois autant. Est-ce donc comme ça que t'écoutes ce qu'il te dit ? Morquenne ! si j'avois su ça tantôt, je me serois bian gardé de le tirer de gliau, et je gli aurois baillé un bon coup d'aviron sur la tête.

DOM JUAN, *s'approchant de Pierrot pour le frapper.* Qu'est-ce que vous dites ?

PIERROT, *s'éloignant derrière Charlotte.* Jerniquenne ! je ne crains parsonne.

DOM JUAN, *passe du côté où est Pierrot.* Attendez-moi un peu.

PIERROT, *repasse de l'autre côté de Charlotte.* Je me moque de tout, moi.

DOM JUAN, *court après Pierrot.* Voyons cela.

PIERROT, *se sauve encore derrière Charlotte.* J'en avons bien vu d'autres.

DOM JUAN. Houais !

SGANARELLE. Eh ! Monsieur, laissez là ce pauvre misérable. C'est conscience de le battre. Écoute, mon pauvre garçon, retire-toi, et ne lui dis rien.

PIERROT, *passe devant Sganarelle et dit fièrement à Dom Juan.* Je veux lui dire, moi !

DOM JUAN, *lève la main pour donner un soufflet à Pierrot, qui baisse la tête, et Sganarelle reçoit le soufflet.* Ah ! je vous apprendrai.

SGANARELLE, *regardant Pierrot, qui s'est baissé pour éviter le soufflet.* Peste soit du maroufle[1] !

DOM JUAN. Te voilà payé de ta charité.

PIERROT. Jarni ! je vas dire à sa tante tout ce ménage-ci.

---

1. « Maroufle : terme injurieux qu'on donne aux gens gros de corps, et grossiers d'esprit » (Furetière). « Misérable, sot, impertinent », disait seulement Richelet.

DOM JUAN. Enfin je m'en vais être le plus heureux de
tous les hommes, et je ne changerais pas mon bonheur à [1] toutes les choses du monde. Que de plaisirs
quand vous serez ma femme ! et que...

Scène 4

DOM JUAN, SGANARELLE, CHARLOTTE, MATHURINE

SGANARELLE, *apercevant Mathurine*. Ah ! ah !

MATHURINE, *à Dom Juan*. Monsieur, que faites-vous
donc là avec Charlotte ? Est-ce que vous lui parlez
d'amour aussi ?

DOM JUAN, *à Mathurine*. Non, au contraire, c'est elle
qui me témoignait une envie d'être ma femme, et
je lui répondais que j'étais engagé à vous.

CHARLOTTE. Qu'est-ce que c'est donc que vous veut
Mathurine ?

DOM JUAN, *bas à Charlotte*. Elle est jalouse de me voir
vous parler, et voudrait bien que je l'épousasse ;
mais je lui dis que c'est vous que je veux.

MATHURINE. Quoi ? Charlotte.

DOM JUAN, *bas à Mathurine*. Tout ce que vous lui direz
sera inutile ; elle s'est mis cela dans la tête.

CHARLOTTE. Quement donc ! Mathurine...

DOM JUAN, *bas à Charlotte*. C'est en vain que vous lui
parlerez ; vous ne lui ôterez point cette fantaisie.

MATHURINE. Est-ce que... ?

DOM JUAN, *bas à Mathurine*. Il n'y a pas moyen de lui
faire entendre raison.

CHARLOTTE. Je voudrais...

DOM JUAN, *bas à Charlotte*. Elle est obstinée comme
tous les diables.

MATHURINE. Vramant...

---

1. Contre.

DOM JUAN, *bas à Mathurine*. Ne lui dites rien, c'est une folle.

CHARLOTTE. Je pense...

DOM JUAN, *bas à Charlotte*. Laissez-la là, c'est une extravagante.

MATHURINE. Non, non : il faut que je lui parle.

CHARLOTTE. Je veux voir un peu ses raisons.

MATHURINE. Quoi ?...

DOM JUAN, *bas à Mathurine*. Je gage qu'elle va vous dire que je lui ai promis de l'épouser.

CHARLOTTE. Je...

DOM JUAN, *bas à Charlotte*. Gageons qu'elle vous soutiendra que je lui ai donné parole de la prendre pour femme.

MATHURINE. Holà ! Charlotte, ça n'est pas bien de courir sur le marché[1] des autres.

CHARLOTTE. Ça n'est pas honnête, Mathurine, d'être jalouse que Monsieur me parle.

MATHURINE. C'est moi que Monsieur a vue la première.

CHARLOTTE. S'il vous a vue la première, il m'a vue la seconde et m'a promis de m'épouser.

DOM JUAN, *bas à Mathurine*. Eh bien ! que vous ai-je dit ?

MATHURINE. Je vous baise les mains[2], c'est moi, et non pas vous, qu'il a promis d'épouser.

DOM JUAN, *bas à Charlotte*. N'ai-je pas deviné ?

CHARLOTTE. À d'autres[3], je vous prie ; c'est moi, vous dis-je.

---

1. « On dit aussi qu'un homme court sur le marché d'autrui [...] pour dire qu'il enchérit sur un autre, qu'il veut obtenir ce qu'un autre prétendait d'avoir » (Furetière, article « courir »).   2. « On dit proverbialement : je vous baise les mains, pour dire [comme en cet endroit] ironiquement : je ne veux rien croire de ce que vous dites » (Furetière). La formule, naturellement, ne s'adresse pas à Dom Juan, mais à Charlotte.   3. « On dit : à d'autres, pour dire : allez chercher ailleurs votre dupe » (Furetière). Le propos concerne cette fois Mathurine et non Dom Juan.

MATHURINE. Vous vous moquez des gens ; c'est moi, encore un coup.

CHARLOTTE. Le vlà qui est pour le dire[1], si je n'ai pas raison.

MATHURINE. Le vlà qui est pour me démentir, si je ne dis pas vrai.

CHARLOTTE. Est-ce, Monsieur, que vous lui avez promis de l'épouser ?

DOM JUAN, *bas à Charlotte*. Vous vous raillez de moi.

MATHURINE. Est-il vrai, Monsieur, que vous lui avez donné parole d'être son mari ?

DOM JUAN, *bas à Mathurine*. Pouvez-vous avoir cette pensée ?

CHARLOTTE. Vous voyez qu'al le soutient.

DOM JUAN, *bas à Charlotte*. Laissez-la faire.

MATHURINE. Vous êtes témoin comme al l'assure.

DOM JUAN, *bas à Mathurine*. Laissez-la dire.

CHARLOTTE. Non, non, il faut savoir la vérité.

MATHURINE. Il est question de juger ça.

CHARLOTTE. Oui, Mathurine, je veux que Monsieur vous montre votre bec jaune[2].

MATHURINE. Oui, Charlotte, je veux que Monsieur vous rende un peu camuse[3].

CHARLOTTE. Monsieur, vuidez[4] la querelle, s'il vous plaît.

MATHURINE. Mettez-nous d'accord, Monsieur.

CHARLOTTE, *à Mathurine*. Vous allez voir.

MATHURINE, *à Charlotte*. Vous allez voir vous-même.

CHARLOTTE, *à Dom Juan*. Dites.

---

1. Le voilà qui va pouvoir le dire ou (réplique suivante) le démentir.
2. « On dit encore qu'on lui fera voir son bec jaune, pour dire qu'on lui fera voir qu'il est trompé » (Furetière, article « bec »). Comparer avec le mot « béjaune », qui désignait autrefois de jeunes volatiles tels que les oisons.
3. « On dit proverbialement qu'un homme est bien camus, qu'on l'a rendu bien camus, pour dire qu'il a été bien trompé, qu'il est déchu de ses prétentions, qu'il est bien honteux » (Furetière).   4. Videz (« vuidez » correspond à la graphie du XVIIᵉ siècle. Mais le *Dictionnaire* de l'Académie française, en 1694, signale qu'on prononce déjà peu le u).

MATHURINE, *à Dom Juan*. Parlez.

DOM JUAN, *embarrassé, leur dit à toutes deux*. Que voulez-vous que je dise ? Vous soutenez également toutes deux que je vous ai promis de vous prendre pour femmes. Est-ce que chacune de vous ne sait pas ce qui en est, sans qu'il soit nécessaire que je m'explique davantage ? Pourquoi m'obliger là-dessus à des redites ? Celle à qui j'ai promis effectivement n'a-t-elle pas en elle-même de quoi se moquer des discours de l'autre, et doit-elle se mettre en peine, pourvu que j'accomplisse ma promesse ? Tous les discours n'avancent point les choses ; il faut faire et non pas dire, et les effets décident mieux que les paroles. Aussi n'est-ce rien que par là que je vous veux mettre d'accord, et l'on verra, quand je me marierai, laquelle des deux a mon cœur. *(Bas, à Mathurine.)* Laissez-lui croire ce qu'elle voudra. *(Bas, à Charlotte.)* Laissez-la se flatter dans son imagination. *(Bas, à Mathurine.)* Je vous adore. *(Bas, à Charlotte.)* Je suis tout à vous. *(Bas, à Mathurine.)* Tous les visages sont laids auprès du vôtre. *(Bas à Charlotte.)* On ne peut plus souffrir les autres quand on vous a vue. J'ai un petit ordre à donner ; je viens vous retrouver dans un quart d'heure.

CHARLOTTE, *à Mathurine*. Je suis celle qu'il aime, au moins.

MATHURINE. C'est moi qu'il épousera.

SGANARELLE. Ah ! pauvres filles que vous êtes, j'ai pitié de votre innocence, et je ne puis souffrir de vous voir courir à votre malheur. Croyez-moi l'une et l'autre : ne vous amusez point à tous les contes qu'on vous fait[1], et demeurez dans votre village.

DOM JUAN, *revenant*. Je voudrais bien savoir pourquoi Sganarelle ne me suit pas.

---

1. Ne perdez pas votre temps à écouter toutes les balivernes qu'on vous raconte.

SGANARELLE. Mon maître est un fourbe ; il n'a dessein que de vous abuser, et en a bien abusé d'autres [1] ; c'est l'épouseur du genre humain, et... *(Il aperçoit Dom Juan.)* Cela est faux ; et quiconque vous dira cela, vous lui devez dire qu'il en a menti. Mon maître n'est point l'épouseur du genre humain, il n'est point fourbe, il n'a pas dessein de vous tromper, et n'en a point abusé d'autres. Ah ! tenez, le voilà ; demandez-le plutôt à lui-même.

DOM JUAN. Oui.

SGANARELLE. Monsieur, comme le monde est plein de médisants, je vais au-devant des choses ; et je leur disais que, si quelqu'un leur venait dire du mal de vous, elles se gardassent bien de le croire, et ne manquassent pas de lui dire qu'il en aurait menti.

DOM JUAN. Sganarelle.

SGANARELLE. Oui, Monsieur est homme d'honneur, je le garantis tel.

DOM JUAN. Hon !

SGANARELLE. Ce sont des impertinents [2].

Scène 5

DOM JUAN, LA RAMÉE, CHARLOTTE, MATHURINE, SGANARELLE

LA RAMÉE. Monsieur, je viens vous avertir qu'il ne fait pas bon ici pour vous.

DOM JUAN. Comment ?

---

1. En a trompé bien d'autres. 2. Les médisants dont le monde est plein. On peut s'interroger sur la valeur du grognement émis par Dom Juan. Impatience parce que son valet s'attarde bien qu'il l'ait appelé ? Quelque gêne, tout de même, de s'entendre garantir homme d'honneur ? Mauvaise humeur contre Sganarelle parce qu'il a entendu ce qu'il disait avant son arrivée ? À chaque interprète du rôle, à chaque metteur en scène de résoudre au mieux la question posée par cette interjection.

La Ramée. Douze hommes à cheval vous cherchent,
    qui doivent arriver ici dans un moment ; je ne sais
    pas par quel moyen ils peuvent vous avoir suivi ;
    mais j'ai appris cette nouvelle d'un paysan qu'ils
    ont interrogé, et auquel ils vous ont dépeint. L'af-
    faire presse, et le plus tôt que vous pourrez sortir
    d'ici sera le meilleur.

Dom Juan, *à Charlotte et Mathurine.* Une affaire pres-
    sante m'oblige à partir d'ici ; mais je vous prie de
    vous ressouvenir de la parole que je vous ai donnée,
    et de croire que vous aurez de mes nouvelles avant
    qu'il soit demain soir. *(Charlotte et Mathurine s'éloi-
    gnent.)* Comme la partie n'est pas égale, il faut user
    de stratagème, et éluder adroitement le malheur
    qui me cherche. Je veux que Sganarelle se revête de
    mes habits, et moi...

Sganarelle. Monsieur, vous vous moquez. M'exposer
    à être tué sous vos habits, et...

Dom Juan. Allons vite ! c'est trop d'honneur que je
    vous fais, et bien heureux est le valet qui peut avoir
    la gloire de mourir pour son maître.

Sganarelle. Je vous remercie d'un tel honneur. Ô
    Ciel, puisqu'il s'agit de mort, fais-moi la grâce de
    n'être point pris pour un autre !

ACTE III

Scène 1

DOM JUAN, *en habit de campagne*,
SGANARELLE, *en médecin*

SGANARELLE. Ma foi, Monsieur, avouez que j'ai eu raison, et que nous voilà l'un et l'autre déguisés à merveille. Votre premier dessein n'était point du tout à propos, et ceci nous cache bien mieux que tout ce que vous vouliez faire.

DOM JUAN. Il est vrai que te voilà bien, et je ne sais où tu as été déterrer cet attirail ridicule.

SGANARELLE. Oui ? C'est l'habit d'un vieux médecin, qui a été laissé en gage au lieu où je l'ai pris, et il m'en a coûté de l'argent pour l'avoir. Mais savez-vous, Monsieur, que cet habit me met déjà en considération, que je suis salué des gens que je rencontre, et que l'on me vient consulter ainsi qu'un habile homme ?

DOM JUAN. Comment donc ?

SGANARELLE. Cinq ou six paysans et paysannes, en me voyant passer, me sont venus demander mon avis sur différentes maladies [1].

---

1. Amorce d'une scène qui se retrouvera, développée, dans *Le Médecin malgré lui* (III, 2). Sganarelle revêt ici, de sa propre initiative, la robe qu'il endossera de force plus tard, après n'avoir, entre-temps, incarné dans *L'Amour médecin*, que le père de la malade.

Dom Juan. Tu leur as répondu que tu n'y entendais rien ?

Sganarelle. Moi ? Point du tout. J'ai voulu soutenir l'honneur de mon habit : j'ai raisonné sur le mal, et leur ai fait des ordonnances à chacun.

Dom Juan. Et quels remèdes encore leur as-tu ordonnés ?

Sganarelle. Ma foi ! Monsieur, j'en ai pris par où j'en ai pu attraper ; j'ai fait mes ordonnances à l'aventure, et ce serait une chose plaisante si les malades guérissaient, et qu'on m'en vînt remercier.

Dom Juan. Et pourquoi non ? Par quelle raison n'aurais-tu pas les mêmes privilèges qu'ont tous les autres médecins ? Ils n'ont pas plus de part que toi aux guérisons des malades, et tout leur art est pure grimace. Ils ne font rien que recevoir la gloire des heureux succès, et tu peux profiter comme eux du bonheur du malade, et voir attribuer à tes remèdes tout ce qui peut venir des faveurs du hasard et des forces de la nature [1].

Sganarelle. Comment, Monsieur, vous êtes aussi impie en médecine ?

Dom Juan. C'est une des grandes erreurs qui soit parmi les hommes.

Sganarelle. Quoi ? vous ne croyez pas au séné, ni à la casse, ni au vin émétique [2] ?

Dom Juan. Et pourquoi veux-tu que j'y croie ?

Sganarelle. Vous avez l'âme bien mécréante. Cepen-

---

1. Ces vues désabusées sur l'inefficacité de la médecine seront reprises et développées par Béralde à la scène 3 du dernier acte dans *Le Malade imaginaire*. 2. « Émétique » qualifie un « remède qui purge avec violence par haut et par bas, fait avec de la poudre et du beurre d'antimoine [peu différent de l'arsenic] préparé, dont on sépare les sels corrosifs par plusieurs lotions. Le vin émétique s'est mis en réputation » (Furetière). Le « séné », tiré d'une plante qui pousse en Éthiopie, est employé « par les Médecins d'Europe [...] en toutes leurs purgations et tisannes » (*ibid.*). La « casse » désigne un « fruit qui vient aux Indes, fait d'un long bâton noir, dont la moelle sert à purger et rafraîchir » (*ibid.*).

dant vous voyez depuis un temps que le vin émétique fait bruire[1] ses fuseaux. Ses miracles ont converti les plus incrédules esprits, et il n'y a pas trois semaines que j'en ai vu, moi qui vous parle, un effet merveilleux.

Dom Juan. Et quel ?

Sganarelle. Il y avait un homme qui, depuis six jours, était à l'agonie ; on ne savait plus que lui ordonner, et tous les remèdes ne faisaient rien ; on s'avisa à la fin de lui donner de l'émétique.

Dom Juan. Il réchappa, n'est-ce pas ?

Sganarelle. Non, il mourut.

Dom Juan. L'effet est admirable.

Sganarelle. Comment ? il y avait six jours entiers qu'il ne pouvait mourir, et cela le fit mourir tout d'un coup. Voulez-vous rien de plus efficace ?

Dom Juan. Tu as raison.

Sganarelle. Mais laissons là la médecine, où vous ne croyez point, et parlons des autres choses ; car cet habit me donne de l'esprit, et je me sens en humeur de disputer contre vous. Vous savez bien que vous me permettez les disputes, et que vous ne me défendez que les remontrances.

Dom Juan. Eh bien ?

Sganarelle. Je veux savoir un peu vos pensées à fond. Est-il possible que vous ne croyiez point du tout au Ciel ?

Dom Juan. Laissons cela.

Sganarelle. C'est-à-dire que non. Et à l'enfer ?

Dom Juan. Eh !

------

1. « Bruire » se dit figurément « de la réputation » (*Dictionnaire* de l'Académie française, 1694). Entendre, ici, qu'on parle beaucoup du vin émétique. Les « fuseaux » évoquent ceux des Parques : le vin émétique sauve des vies, mais il en abrège d'autres, il est doté de pouvoirs semblables à ceux d'Atropos, celle qui coupe le fil des existences quand pour chacun des mortels son heure est venue.

SGANARELLE. Tout de même[1]. Et au diable, s'il vous plaît ?

DOM JUAN. Oui, oui.

SGANARELLE. Aussi peu. Ne croyez-vous point l'autre vie ?

DOM JUAN. Ah ! ah ! ah !

SGANARELLE. Voilà un homme que j'aurai bien de la peine à convertir. Et dites-moi un peu, [le Moine bourru[2], qu'en croyez-vous ? eh !

DOM JUAN. La peste soit du fat !

SGANARELLE. Et voilà ce que je ne puis souffrir ; car il n'y a rien de plus vrai que le Moine bourru, et je me ferais pendre pour celui-là. Mais] encore faut-il croire quelque chose dans le monde. Qu'est-ce que vous croyez ?

DOM JUAN. Ce que je crois ?

SGANARELLE. Oui.

DOM JUAN. Je crois que deux et deux sont quatre, Sganarelle, et que quatre et quatre sont huit.

SGANARELLE. La belle croyance [et les beaux articles de foi] que voilà ! Votre religion, à ce que je vois, est donc l'arithmétique ? Il faut avouer qu'il se met d'étranges folies dans la tête des hommes, et que, pour avoir bien étudié, on en est bien moins sage le plus souvent. Pour moi, Monsieur, je n'ai point étudié comme vous, Dieu merci, et personne ne saurait se vanter de m'avoir jamais rien appris ; mais, avec mon petit sens[3], mon petit jugement,

---

1. Exactement pareil.   2. « Le Moine bourru est un lutin, qui dans la croyance du peuple court les rues aux avents de Noël et qui fait des cris effroyables » (Furetière, article « bourru »). Le passage entre crochets ne figure que dans l'édition hollandaise de 1683. Il manque dans celle qui fut publiée à Paris l'année précédente, sans qu'on sache qui, de Molière, de La Grange ou de la censure a décidé de le supprimer.   3. La faible dose d'intelligence que je possède. Richelet ajoute que le mot, pris dans une acception figurée, peut signifier « pénétration », ainsi quand on dit de quelqu'un : « C'est un homme de petit sens. » Sganarelle se range de lui-même dans cette catégorie. Il ne s'attribue qu'un peu de jugeote (« mon petit jugement »).

je vois les choses mieux que tous les livres, et je
comprends fort bien que ce monde que nous
voyons n'est pas un champignon qui soit venu tout
seul en une nuit. Je voudrais bien vous demander
qui a fait ces arbres-là, ces rochers, cette terre, et
ce ciel que voilà là-haut, et si tout cela s'est bâti de
lui-même. Vous voilà vous, par exemple, vous êtes
là : est-ce que vous vous êtes fait tout seul et n'a-
t-il pas fallu que votre père ait engrossé votre mère
pour vous faire ? Pouvez-vous voir toutes les inven-
tions dont la machine de l'homme est composée
sans admirer de quelle façon cela est agencé l'un
dans l'autre ? ces nerfs, ces os, ces veines, ces
artères, ces..., ce poumon, ce cœur, ce foie, et tous
ces autres ingrédients qui sont là et qui... Oh !
dame, interrompez-moi donc, si vous voulez. Je ne
saurais disputer, si l'on ne m'interrompt. Vous vous
taisez exprès, et me laissez parler par belle malice.

DOM JUAN. J'attends que ton raisonnement soit fini.

SGANARELLE. Mon raisonnement est qu'il y a quelque
chose d'admirable dans l'homme, quoi que vous
puissiez dire, que tous les savants ne sauraient
expliquer. Cela n'est-il pas merveilleux que me
voilà ici, et que j'aie quelque chose dans la tête qui
pense cent choses différentes en un moment, et fait
de mon corps tout ce qu'elle veut ? Je veux frapper
des mains, hausser le bras, lever les yeux au ciel,
baisser la tête, remuer les pieds, aller à droit, à
gauche, en avant, en arrière, tourner...

Il se laisse tomber en tournant.

DOM JUAN. Bon ! voilà ton raisonnement qui a le nez
cassé.

SGANARELLE. Morbleu ! je suis bien sot de m'amuser [1]

---

1. De perdre mon temps.

à raisonner avec vous. Croyez ce que vous voudrez :
il m'importe bien que vous soyez damné !

DOM JUAN. Mais, tout en raisonnant, je crois que nous
sommes égarés. Appelle un peu cet homme que
voilà là-bas, pour lui demander le chemin.

SGANARELLE. Holà, ho, l'homme ! ho, mon compère !
ho, l'ami ! un petit mot, s'il vous plaît.

Scène 2

DOM JUAN, SGANARELLE, UN PAUVRE

SGANARELLE. Enseignez-nous un peu le chemin qui
mène à la ville.

LE PAUVRE. Vous n'avez qu'à suivre cette route, Messieurs, et détourner[1] à main droite quand vous
serez au bout de la forêt. Mais je vous donne avis
que vous devez vous tenir sur vos gardes, et que,
depuis quelque temps, il y a des voleurs ici autour.

DOM JUAN. Je te suis bien obligé, mon ami, et je te
rends grâce de tout mon cœur.

LE PAUVRE. Si vous vouliez, Monsieur, me secourir de
quelque aumône ?

DOM JUAN. Ah ! ah ! ton avis est intéressé, à ce que je
vois.

LE PAUVRE. Je suis un pauvre homme, Monsieur, retiré
tout seul dans ce bois depuis dix ans, et je ne man-
querai pas de prier le Ciel qu'il vous donne toute
sorte de biens.

DOM JUAN. Eh ! prie-le qu'il te donne un habit, sans te
mettre en peine des affaires des autres.

SGANARELLE. Vous ne connaissez pas Monsieur, bon

---

1. « Détourner signifie aussi se mouvoir hors de la ligne droite. Quand vous
serez au bout de la rue, détournez à droite, à gauche » (Furetière). On dirait
aujourd'hui : tournez.

homme : il ne croit qu'en deux et deux sont quatre
et en quatre et quatre sont huit.

Dom Juan. Quelle est ton occupation parmi ces
arbres ?

Le Pauvre. De prier le Ciel tout le jour pour la prospé-
rité des gens de bien qui me donnent quelque
chose.

Dom Juan. Il ne se peut donc pas que tu ne sois bien
à ton aise ?

Le Pauvre. Hélas ! Monsieur, je suis dans la plus
grande nécessité [1] du monde.

Dom Juan. Tu te moques : un homme qui prie le Ciel
tout le jour ne peut pas manquer d'être bien dans
ses affaires.

Le Pauvre. Je vous assure, Monsieur, que le plus souvent je n'ai pas un morceau de pain à mettre sous
les dents.

Dom Juan. [Voilà qui est étrange, et tu es bien mal
reconnu de tes soins. Ah ! ah ! je m'en vais te] donner un louis d'or [tout à l'heure, pourvu que tu
veuilles jurer [2].

Le Pauvre. Ah ! Monsieur, voudriez-vous que je
commisse un tel péché ?

Dom Juan. Tu n'as qu'à voir si tu veux gagner un louis
d'or ou non : en voici un que je te donne, si tu
jures. Tiens : il faut jurer.

Le Pauvre. Monsieur...

Dom Juan. À moins de cela tu ne l'auras pas.

Sganarelle. Va, va, jure un peu, il n'y a pas de mal.

Dom Juan. Prends, le voilà ; prends, te dis-je ; mais
jure donc.

Le Pauvre. Non, Monsieur, j'aime mieux mourir de
faim.

_____

1. « Pauvreté, disette, besoin extrême » (Richelet). Comparer avec le sens
qu'a gardé l'adjectif : nécessiteux.   2. « Blasphémer. Malheur à ceux qui
jurent le Saint Nom de Dieu » (Richelet).

Dom Juan. Va, va], et je te le donne pour l'amour de l'humanité[1]. Mais que vois-je là ? Un homme attaqué par trois autres ? La partie est trop inégale, et je ne dois pas souffrir cette lâcheté.

Scène 3

Dom Juan, Dom Carlos, Sganarelle

Sganarelle. Mon maître est un vrai enragé d'aller se présenter à un péril qui ne le cherche pas ; mais, ma foi ! le secours a servi, et les deux ont fait fuir les trois.

Dom Carlos, *l'épée à la main*. On voit, par la fuite de ces voleurs, de quel secours est votre bras. Souffrez, Monsieur, que je vous rende grâce d'une action si généreuse, et que...

Dom Juan, *revenant l'épée à la main*. Je n'ai rien fait, Monsieur, que vous n'eussiez fait en ma place. Notre propre honneur est intéressé dans de pareilles aventures, et l'action de ces coquins était si lâche, que c'eût été y prendre part que de ne s'y pas opposer. Mais par quelle rencontre[2] vous êtes-vous trouvé entre leurs mains ?

Dom Carlos. Je m'étais par hasard égaré d'un frère et de tous ceux de notre suite ; et comme je cherchais à les rejoindre, j'ai fait rencontre de ces voleurs, qui d'abord ont tué mon cheval, et qui, sans votre valeur, en auraient fait autant de moi.

Dom Juan. Votre dessein est-il d'aller du côté de la ville ?

Dom Carlos. Oui, mais sans y vouloir entrer[3] ; et nous nous voyons obligés, mon frère et moi, à tenir la

---

1. Par philanthropie, et non par charité, pour l'amour de Dieu.   2. Par quel concours imprévu de circonstances.   3. Puisque les duels y sont interdits et sévèrement punis.

campagne pour une de ces fâcheuses affaires qui
réduisent les gentilshommes à se sacrifier, eux et
leur famille, à la sévérité de leur honneur, puisque
enfin le plus doux succès en est toujours funeste, et
que, si l'on ne quitte pas la vie, on est contraint de
quitter le royaume ; et c'est en quoi je trouve la
condition d'un gentilhomme malheureuse, de ne
pouvoir point s'assurer sur toute la prudence et
toute l'honnêteté de sa conduite, d'être asservi par
les lois de l'honneur au dérèglement de la conduite
d'autrui, et de voir sa vie, son repos et ses biens
dépendre de la fantaisie du premier téméraire qui
s'avisera de lui faire une de ces injures pour qui un
honnête homme doit périr.

Dom Juan. On a cet avantage qu'on fait courir le
même risque et passer mal aussi le temps à ceux
qui prennent fantaisie de nous venir faire une
offense de gaieté de cœur. Mais ne serait-ce point
une indiscrétion que de vous demander quelle peut
être votre affaire ?

Dom Carlos. La chose en est aux termes [1] de n'en plus
faire de secret, et lorsque l'injure a une fois éclaté [2],
notre honneur ne va point [3] à vouloir cacher notre
honte, mais à faire éclater notre vengeance, et à
publier même le dessein que nous en avons. Ainsi,
Monsieur, je ne feindrai [4] point de vous dire que
l'offense que nous cherchons à venger est une sœur
séduite et enlevée d'un convent, et que l'auteur de
cette offense est un Dom Juan Tenorio, fils de Dom
Louis Tenorio. Nous le cherchons depuis quelques
jours, et nous l'avons suivi ce matin, sur le rapport
d'un valet qui nous a dit qu'il sortait à cheval,

---

1. « Ce mot en parlant d'affaire signifie état » (Richelet, à l'article « terme »,
avec cet exemple : « Les choses sont aux termes où on les peut souhaiter. »).
2. Est devenue publique.   3. Nous incite, non à vouloir, etc.
4. « Feindre signifie aussi craindre » (Richelet). Donc, ici : je vous dirai
franchement.

accompagné de quatre ou cinq, et qu'il avait pris le long de cette côte ; mais tous nos soins ont été inutiles, et nous n'avons pu découvrir ce qu'il est devenu.

DOM JUAN. Le connaissez-vous, Monsieur, ce Dom Juan dont vous parlez ?

DOM CARLOS. Non, quant à moi. Je ne l'ai jamais vu, et je l'ai seulement ouï dépeindre à mon frère ; mais la renommée n'en dit pas force bien, et c'est un homme dont la vie...

DOM JUAN. Arrêtez, Monsieur, s'il vous plaît. Il est un peu de mes amis, et ce serait à moi une espèce de lâcheté, que d'en ouïr dire du mal.

DOM CARLOS. Pour l'amour de vous, Monsieur, je n'en dirai rien du tout, et c'est bien la moindre chose que je vous doive, après m'avoir sauvé la vie [1], que de me taire devant vous d'une personne que vous connaissez, lorsque je ne puis en parler sans en dire du mal ; mais, quelque ami que vous lui soyez, j'ose espérer que vous n'approuverez pas son action, et ne trouverez pas étrange que nous cherchions d'en prendre la vengeance.

DOM JUAN. Au contraire, je vous y veux servir, et vous épargner des soins inutiles. Je suis ami de Dom Juan, je ne puis pas m'en empêcher ; mais il n'est pas raisonnable qu'il offense impunément des gentilshommes, et je m'engage à vous faire faire raison [2] par lui.

DOM CARLOS. Et quelle raison peut-on faire à ces sortes d'injures ?

DOM JUAN. Toutes celles que votre honneur peut souhaiter ; et, sans vous donner la peine de chercher

---

1. Après que vous m'avez sauvé la vie.   2. « Ce mot marque le ressentiment qu'on a d'une injure reçue, et il signifie une sorte de vengeance, une sorte de satisfaction à cause de l'injure qu'on a reçue » (Richelet).

Dom Juan davantage, je m'oblige à le faire trouver
au lieu que vous voudrez, et quand il vous plaira.

Dom Carlos. Cet espoir est bien doux, Monsieur, à
des cœurs offensés ; mais, après ce que je vous dois,
ce me serait une trop sensible douleur que vous
fussiez de la partie.

Dom Juan. Je suis si attaché à Dom Juan qu'il ne saurait se battre que je ne me batte aussi ; mais enfin
j'en réponds comme de moi-même, et vous n'avez
qu'à dire quand vous voulez qu'il paraisse et vous
donne satisfaction.

Dom Carlos. Que ma destinée est cruelle ! Faut-il que
je vous doive la vie, et que Dom Juan soit de vos amis ?

Scène 4

Dom Alonse *et trois Suivants*, Dom Carlos, Dom Juan, Sganarelle

Dom Alonse. Faites boire là mes chevaux, et qu'on les
amène après nous [1] ; je veux un peu marcher à pied.
Ô Ciel ! que vois-je ici ? Quoi ? mon frère, vous
voilà avec notre ennemi mortel ?

Dom Carlos. Notre ennemi mortel ?

Dom Juan, *se reculant de trois pas et mettant fièrement la
main sur la garde de son épée.* Oui, je suis Dom Juan
moi-même, et l'avantage du nombre ne m'obligera
pas à vouloir déguiser mon nom.

Dom Alonse. Ah ! traître, il faut que tu périsses, et...

Dom Carlos. Ah ! mon frère, arrêtez ! je lui suis redevable de la vie ; et sans le secours de son bras, j'aurais été tué par des voleurs que j'ai trouvés.

Dom Alonse. Et voulez-vous que cette considération
empêche notre vengeance ? Tous les services que

---

1. Qu'on les mène ensuite derrière nous (tandis que nous marcherons un
peu).

nous rend une main ennemie ne sont d'aucun mérite pour engager notre âme [1] ; et s'il faut mesurer l'obligation à l'injure, votre reconnaissance, mon frère, est ici ridicule ; et comme l'honneur est infiniment plus précieux que la vie, c'est ne devoir rien proprement [2] que d'être redevable de la vie à qui nous a ôté l'honneur.

DOM CARLOS. Je sais la différence, mon frère, qu'un gentilhomme doit toujours mettre entre l'un et l'autre, et la reconnaissance de l'obligation n'efface point en moi le ressentiment de l'injure ; mais souffrez que je lui rende ici ce qu'il m'a prêté, que je m'acquitte sur-le-champ de la vie que je lui dois, par un délai de notre vengeance, et lui laisse la liberté de jouir, durant quelques jours, du fruit de son bienfait.

DOM ALONSE. Non, non, c'est hasarder notre vengeance que de la reculer, et l'occasion de la prendre peut ne plus revenir. Le Ciel nous l'offre ici, c'est à nous d'en profiter. Lorsque l'honneur est blessé mortellement, on doit ne point songer à garder aucunes mesures ; et si vous répugnez à prêter votre bras à cette action, vous n'avez qu'à vous retirer et laisser à ma main la gloire d'un tel sacrifice.

DOM CARLOS. De grâce, mon frère...

DOM ALONSE. Tous ces discours sont superflus : il faut qu'il meure.

DOM CARLOS. Arrêtez-vous, dis-je, mon frère. Je ne souffrirai point du tout qu'on attaque ses jours, et je jure le Ciel que je le défendrai ici contre qui que ce soit, et je saurai lui faire un rempart de cette même vie qu'il m'a sauvée et, pour adresser vos coups, il faudra que vous me perciez.

---

1. N'acquièrent à leur auteur aucun droit à notre gratitude : nous ne lui devons rien.   2. Comprendre : c'est, à proprement parler, ne rien devoir, etc.

Dom Alonse. Quoi ! vous prenez le parti de notre
ennemi contre moi, et loin d'être saisi à son aspect
des mêmes transports que je sens, vous faites voir
pour lui des sentiments pleins de douceur ?

Dom Carlos. Mon frère, montrons de la modération
dans une action légitime, et ne vengeons point
notre honneur avec cet emportement que vous
témoignez. Ayons du cœur[1] dont nous soyons les
maîtres, une valeur qui n'ait rien de farouche, et
qui se porte aux choses par une pure délibération
de notre raison, et non point par le mouvement
d'une aveugle colère. Je ne veux point, mon frère,
demeurer redevable à mon ennemi, et je lui ai une
obligation dont il faut que je m'acquitte avant toute
chose. Notre vengeance, pour être différée, n'en
sera pas moins éclatante : au contraire, elle en tirera
de l'avantage ; et cette occasion de l'avoir pu
prendre la fera paraître plus juste aux yeux de tout
le monde.

Dom Alonse. Ô l'étrange faiblesse, et l'aveuglement
effroyable d'hasarder ainsi les intérêts de son honneur pour la ridicule pensée d'une obligation chi-
mérique !

Dom Carlos. Non, mon frère, ne vous mettez pas en
peine. Si je fais une faute, je saurai bien la réparer,
et je me charge de tout le soin de notre honneur ;
je sais à quoi il nous oblige, et cette suspension
d'un jour, que ma reconnaissance lui demande, ne
fera qu'augmenter l'ardeur que j'ai de le satisfaire.
Dom Juan, vous voyez que j'ai soin de vous rendre
le bien que j'ai reçu de vous, et vous devez par là
juger du reste, croire que je m'acquitte avec même
chaleur de ce que je dois, et que je ne serai pas
moins exact à vous payer l'injure que le bienfait.

---

1. Du courage.

Je ne veux point vous obliger ici à expliquer vos sentiments, et je vous donne la liberté de penser à loisir aux résolutions que vous avez à prendre. Vous connaissez assez la grandeur de l'offense que vous nous avez faite, et je vous fais juge vous-même des réparations qu'elle demande. Il est des moyens doux pour nous satisfaire ; il en est de violents et de sanglants ; mais enfin, quelque choix que vous fassiez, vous m'avez donné parole de me faire faire raison par Dom Juan : songez à me la faire, je vous prie, et vous ressouvenez[1] que, hors d'ici, je ne dois plus qu'à mon honneur.

DOM JUAN. Je n'ai rien exigé de vous, et vous tiendrai ce que j'ai promis.

DOM CARLOS. Allons, mon frère : un moment de douceur ne fait aucune injure à la sévérité de notre devoir.

Scène 5

DOM JUAN, SGANARELLE

DOM JUAN. Hola, hé, Sganarelle !

SGANARELLE. Plaît-il ?

DOM JUAN. Comment ? coquin, tu fuis quand on m'attaque ?

SGANARELLE. Pardonnez-moi, Monsieur, je viens seulement d'ici près. Je crois que cet habit est purgatif, et que c'est prendre médecine que de le porter.

DOM JUAN. Peste soit l'insolent ! Couvre au moins ta poltronnerie d'un voile plus honnête[2]. Sais-tu bien qui est celui à qui j'ai sauvé la vie ?

SGANARELLE. Moi ? Non.

---

1. Nous dirions aujourd'hui : et ressouvenez-vous.   2. D'un prétexte moins malséant.

Dom Juan. C'est un frère d'Elvire.

Sganarelle. Un...

Dom Juan. Il est assez honnête homme, il en a bien usé, et j'ai regret d'avoir démêlé avec lui.

Sganarelle. Il vous serait aisé de pacifier toutes choses.

Dom Juan. Oui ; mais ma passion est usée pour Done Elvire et l'engagement ne compatit[1] point avec mon humeur. J'aime la liberté en amour, tu le sais, et je ne saurais me résoudre à renfermer mon cœur entre quatre murailles. Je te l'ai dit vingt fois, j'ai une pente naturelle à me laisser aller à tout ce qui m'attire. Mon cœur est à toutes les belles, et c'est à elles à le prendre tour à tour, et à le garder tant qu'elles le pourront. Mais quel est le superbe édifice que je vois entre ces arbres ?

Sganarelle. Vous ne le savez pas ?

Dom Juan. Non, vraiment.

Sganarelle. Bon ! c'est le tombeau que le Commandeur faisait faire lorsque vous le tuâtes.

Dom Juan. Ah ! tu as raison. Je ne savais pas que c'était de ce côté-ci qu'il était. Tout le monde m'a dit des merveilles de cet ouvrage, aussi bien que de la statue du Commandeur, et j'ai envie de l'aller voir.

Sganarelle. Monsieur, n'allez point là.

Dom Juan. Pourquoi ?

Sganarelle. Cela n'est pas civil[2], d'aller voir un homme que vous avez tué.

Dom Juan. Au contraire, c'est une visite dont je lui veux faire civilité, et qu'il doit recevoir de bonne

---

1. « Compatir : avoir de la compatibilité avec quelque personne », ou, comme ici même, « avec quelque chose » (Richelet). Donc : je ne me sens pas d'humeur à tenir, envers une épouse, l'engagement qu'on prend, quand on se marie, de lui rester fidèle.   2. Pas poli.

grâce, s'il est galant homme. Allons, entrons dedans.

Le tombeau s'ouvre, où l'on voit un superbe mausolée et la statue du Commandeur.

SGANARELLE. Ah ! que cela est beau ! Les belles statues ! le beau marbre ! les beaux piliers ! Ah ! que cela est beau ! Qu'en dites-vous, Monsieur ?

DOM JUAN. Qu'on ne peut voir aller plus loin l'ambition d'un homme mort ; et ce que je trouve admirable, c'est qu'un homme qui s'est passé[1], durant sa vie, d'une assez simple demeure, en veuille avoir une si magnifique pour quand il n'en a plus que faire.

SGANARELLE. Voici la statue du Commandeur.

DOM JUAN. Parbleu ! le voilà bon[2], avec son habit d'empereur romain !

SGANARELLE. Ma foi, Monsieur, voilà qui est bien fait. Il semble qu'il est en vie et qu'il s'en va parler[3]. Il jette des regards sur nous qui me feraient peur, si j'étais tout seul, et je pense qu'il ne prend pas plaisir de nous voir.

DOM JUAN. Il aurait tort, et ce serait mal recevoir l'honneur que je lui fais. Demande-lui s'il veut venir souper avec moi.

---

1. Contenté.   2. « Plaisant » (Richelet). Première irrévérence du libertin à l'égard d'un mort. Son impertinence ira croissant jusqu'au bout de la scène, ou du moins au moment où Dom Juan se montre un court instant désarçonné par le signe de tête à valeur d'acquiescement à son invitation. Sganarelle se méprend et croit que son maître admire sérieusement la statue, car « bon » peut être employé, selon Furetière, « tant en bien qu'en mal », ou suivant le *Dictionnaire* de l'Académie, dans une acception ambivalente, et sérieuse aussi bien qu'ironique.   3. « S'en va » peut, au XVIIᵉ siècle, remplacer « va » pour exprimer un futur imminent : qu'il va parler. (Même substitution, un peu plus bas, dans « allez-vous-en lui parler », pour : allez lui parler.) Sganarelle, impressionnable, craint les spectres autant que Dom Juan les brave. La poltronnerie de son serviteur lui sert de stimulant et l'incite à provoquer d'autant plus insolemment la statue.

SGANARELLE. C'est une chose dont il n'a pas besoin, je
crois.

DOM JUAN. Demande-lui, te dis-je.

SGANARELLE. Vous moquez-vous ? Ce serait être fou
que d'aller parler à une statue.

DOM JUAN. Fais ce que je te dis.

SGANARELLE. Quelle bizarrerie ! Seigneur Commandeur... je ris de ma sottise, mais c'est mon maître
qui me la fait faire. Seigneur Commandeur, mon
maître Dom Juan vous demande si vous voulez lui
faire l'honneur de venir souper avec lui. *(La statue
baisse la tête.)* Ha !

DOM JUAN. Qu'est-ce ? qu'as-tu ? Dis donc, veux-tu
parler ?

SGANARELLE, *fait le même signe que lui a fait la statue et
baisse la tête.* La statue...

DOM JUAN. Eh bien, que veux-tu dire, traître ?

SGANARELLE. Je vous dis que la statue...

DOM JUAN. Eh bien ! la statue ? Je t'assomme, si tu ne
parles.

SGANARELLE. La statue m'a fait signe.

DOM JUAN. La peste le coquin[1] !

SGANARELLE. Elle m'a fait signe, vous dis-je : il n'est
rien de plus vrai. Allez-vous-en lui parler vous-
même, pour voir, peut-être...

DOM JUAN. Viens, maraud[2], viens, je te veux bien faire
toucher au doigt[3] ta poltronnerie. Prends garde. Le
Seigneur Commandeur voudrait-il venir souper
avec moi ?

La statue baisse encore la tête.

---

1. La peste soit du coquin ! Le coquin « terme injurieux qu'on dit à toutes
sortes de petites gens » (Furetière) désigne Sganarelle, bien entendu : le
mot « se dit aussi d'un poltron » (*ibid.*).   2. « Terme injurieux qui se dit
[...] des coquins » (*ibid.*).   3. Nous dirions plutôt : toucher du doigt.

SGANARELLE. Je ne voudrais pas en tenir dix pistoles[1].
  Eh bien ! Monsieur ?
DOM JUAN. Allons, sortons d'ici.
SGANARELLE. Voilà de mes esprits forts, qui ne veulent
  rien croire[2].

---

1. Parier la forte somme, pour Sganarelle, de dix pistoles, sous-entendu :
qu'il ne viendra pas. Ce qui va se passer à l'acte suivant se trouve de la
sorte annoncé, très tardivement certes, mais comme le prescrit la doctrine
classique, sans que cela nuise pourtant à l'intensité du suspens, puisque,
tout au contraire, la suite de l'action reste pour l'heure dans l'incertitude,
de sorte que l'intensité de l'intérêt est portée à son comble. Le festin de
pierre commence à prendre corps.   2. Rappel de ce que disait Sganarelle à Dom Juan, fort de la liberté que son maître lui laissait de formuler
impunément ses remontrances (voir I, 2, page 57).

ACTE IV

Scène 1

DOM JUAN, SGANARELLE

DOM JUAN. Quoi qu'il en soit, laissons cela : c'est une bagatelle, et nous pouvons avoir été trompés par un faux jour, ou surpris de quelque vapeur[1] qui nous ait troublé la vue.

SGANARELLE. Eh ! Monsieur, ne cherchez point à démentir ce que nous avons vu des yeux que voilà. Il n'est rien de plus véritable que ce signe de tête ; et je ne doute point que le Ciel, scandalisé de votre vie, n'ait produit ce miracle pour vous convaincre et pour vous retirer de...

DOM JUAN. Écoute. Si tu m'importunes davantage de tes sottes moralités[2], si tu me dis encore le moindre mot là-dessus, je vais appeler quelqu'un, demander un nerf de bœuf[3], te faire tenir par trois ou quatre, et te rouer de mille coups. M'entends-tu bien ?

SGANARELLE. Fort bien, Monsieur, le mieux du monde. Vous vous expliquez clairement ; c'est ce qu'il y a de bon en vous, que vous n'allez point chercher

---

1. « Vapeur » : « Ce mot en parlant du corps humain signifie la fumée d'un sang échauffé qui monte au cerveau » (Richelet). Donc un étourdissement passager, à moins qu'il ne s'agisse, au sens propre, de quelque brouillard provoqué par l'humidité du caveau.   **2.** « Moralités » : leçons de morale.   **3.** « Nerf de bœuf : le membre génital du bœuf arraché et desséché » (*Dictionnaire* de l'Académie française, 1694).

de détours : vous dites les choses avec une netteté admirable.

DOM JUAN. Allons, qu'on me fasse souper le plus tôt que l'on pourra. Une chaise, petit garçon.

Scène 2

DOM JUAN, LA VIOLETTE, SGANARELLE

LA VIOLETTE. Monsieur, voilà votre marchand[1], monsieur Dimanche, qui demande à vous parler.

SGANARELLE. Bon ! voilà ce qu'il nous faut, qu'un compliment de créancier[2] ! De quoi s'avise-t-il de nous venir demander de l'argent, et que ne lui disais-tu que Monsieur n'y est pas ?

LA VIOLETTE. Il y a trois quarts d'heure que je lui dis ; mais il ne veut pas le croire, et s'est assis là-dedans[3] pour attendre.

SGANARELLE. Qu'il attende tant qu'il voudra.

DOM JUAN. Non, au contraire, faites-le entrer. C'est une fort mauvaise politique[4] que de se faire celer aux créanciers. Il est bon de les payer de quelque chose, et j'ai le secret de les renvoyer satisfaits sans leur donner un double[5].

---

1. Monsieur Dimanche appartient à la catégorie de ce qu'on appelait au XVIIe siècle des drapiers, à la fois négociants, comme les parents de Monsieur Jourdain dans *Le Bourgeois gentilhomme*, en tissus, et tailleurs qui cousaient hauts-de-chausses et pourpoints. Leur communauté tenait à Paris le haut du pavé, prenant le pas sur les épiciers, les merciers, les pelletiers, les bonnetiers et les orfèvres.   2. Une démarche tentée pour obtenir d'être payé. « Voilà ce qu'il nous faut » : manière ironique de dire qu'il arrive mal et qu'on se passerait bien de cet importun.   3. Dans l'antichambre.   4. Une mauvaise ligne de conduite, de cacher sa présence aux créanciers pour éviter de les recevoir.   5. « Petite monnaie de cuivre valant deux deniers » (Furetière) : donc pas même le sixième d'un sou !

Scène 3

DOM JUAN, MONSIEUR DIMANCHE, SGANARELLE,
SUITE

DOM JUAN, *faisant de grandes civilités*. Ah ! monsieur
Dimanche, approchez. Que je suis ravi de vous
voir, et que je veux de mal à mes gens de ne vous
pas faire entrer d'abord[1] ! J'avais donné ordre
qu'on ne me fît parler personne[2] ; mais cet ordre
n'est pas pour vous, et vous êtes en droit de ne
trouver jamais de porte fermée chez moi.

MONSIEUR DIMANCHE. Monsieur, je vous suis fort
obligé.

DOM JUAN, *parlant à ses laquais*. Parbleu ! coquins, je
vous apprendrai à laisser monsieur Dimanche dans
une antichambre, et je vous ferai connaître les
gens[3].

MONSIEUR DIMANCHE. Monsieur, cela n'est rien.

DOM JUAN. Comment ! vous dire que je n'y suis pas, à
monsieur Dimanche, au meilleur de mes amis !

MONSIEUR DIMANCHE. Monsieur, je suis votre serviteur.
J'étais venu...

DOM JUAN. Allons, vite, un siège pour monsieur
Dimanche.

MONSIEUR DIMANCHE. Monsieur, je suis bien comme
cela.

DOM JUAN. Point, point, je veux que vous soyez assis
contre moi[4].

MONSIEUR DIMANCHE. Cela n'est point nécessaire.

DOM JUAN. Ôtez ce pliant, et apportez un fauteuil[5].

MONSIEUR DIMANCHE. Monsieur, vous vous moquez,
et...

DOM JUAN. Non, non, je sais ce que je vous dois, et je

---

1. Sans vous demander d'attendre.   2. Qu'on ne laissât personne me
parler.   3. Je vous apprendrai à reconnaître les personnes qu'on ne doit
pas éconduire.   4. Tout à côté de moi.   5. Siège qu'on n'offre
qu'aux visiteurs de marque.

ne veux point qu'on mette de différence entre nous deux.

MONSIEUR DIMANCHE. Monsieur...

DOM JUAN. Allons, asseyez-vous.

MONSIEUR DIMANCHE. Il n'est pas besoin, Monsieur, et je n'ai qu'un mot à vous dire. J'étais...

DOM JUAN. Mettez-vous là, vous dis-je.

MONSIEUR DIMANCHE. Non, Monsieur. Je suis bien. Je viens pour...

DOM JUAN. Non, je ne vous écoute point si vous n'êtes assis.

MONSIEUR DIMANCHE. Monsieur, je fais ce que vous voulez. Je...

DOM JUAN. Parbleu ! monsieur Dimanche, vous vous portez bien.

MONSIEUR DIMANCHE. Oui, Monsieur, pour vous rendre service [1]. Je suis venu...

DOM JUAN. Vous avez un fonds de santé admirable, des lèvres fraîches, un teint vermeil et des yeux vifs.

MONSIEUR DIMANCHE. Je voudrais bien...

DOM JUAN. Comment se porte madame Dimanche, votre épouse ?

MONSIEUR DIMANCHE. Fort bien, Monsieur, Dieu merci.

DOM JUAN. C'est une brave femme.

MONSIEUR DIMANCHE. Elle est votre servante, Monsieur. Je venais...

DOM JUAN. Et votre petite fille Claudine, comment se porte-t-elle ?

MONSIEUR DIMANCHE. Le mieux du monde.

DOM JUAN. La jolie petite fille que c'est ! je l'aime de tout mon cœur.

---

1. « On dit par compliment [...] : comment vous portez-vous ? À votre service » (*Dictionnaire* de l'Académie française, 1694). Exemple de ce que Sganarelle appelait, un peu plus haut : « un compliment de créancier ».

MONSIEUR DIMANCHE. C'est trop d'honneur que vous lui faites, Monsieur. Je vous...

DOM JUAN. Et le petit Colin, fait-il toujours bien du bruit avec son tambour ?

MONSIEUR DIMANCHE. Toujours de même, Monsieur. Je...

DOM JUAN. Et votre petit chien Brusquet ? gronde-t-il toujours aussi fort, et mord-il toujours bien aux jambes les gens qui vont chez vous ?

MONSIEUR DIMANCHE. Plus que jamais, Monsieur, et nous ne saurions en chevir[1].

DOM JUAN. Ne vous étonnez pas si je m'informe des nouvelles de toute la famille, car j'y prends beaucoup d'intérêt.

MONSIEUR DIMANCHE. Nous vous sommes, Monsieur, infiniment obligés. Je...

DOM JUAN, *lui tendant la main.* Touchez donc là[2], monsieur Dimanche. Êtes-vous bien de mes amis ?

MONSIEUR DIMANCHE. Monsieur, je suis votre serviteur.

DOM JUAN. Parbleu ! je suis à vous de tout mon cœur.

MONSIEUR DIMANCHE. Vous m'honorez trop. Je...

DOM JUAN. Il n'y a rien que je ne fisse pour vous.

MONSIEUR DIMANCHE. Monsieur, vous avez trop de bonté pour moi.

DOM JUAN. Et cela sans intérêt[3], je vous prie de le croire.

MONSIEUR DIMANCHE. Je n'ai point mérité cette grâce, assurément. Mais, Monsieur...

DOM JUAN. Oh çà[4], monsieur Dimanche, sans façon, voulez-vous souper avec moi ?

MONSIEUR DIMANCHE. Non, Monsieur, il faut que je m'en retourne tout à l'heure. Je...

---

1. En venir à bout.   2. « On dit aussi toucher dans la main, pour dire : mettre sa main dans la main d'un autre en signe de reconnaissance, d'amitié, ou de conclusion de marché (*Dictionnaire* de l'Académie française, 1694). »   3. De manière entièrement désintéressée.   4. Ou « or çà », qui « se dit pour encourager, et signifie : sus donc » (Furetière).

DOM JUAN, *se levant*. Allons, vite un flambeau pour conduire monsieur Dimanche, et que quatre ou cinq de mes gens prennent des mousquetons pour l'escorter.

MONSIEUR DIMANCHE, *se levant de même*. Monsieur, il n'est pas nécessaire, et je m'en irai bien tout seul. Mais...

Sganarelle ôte les sièges promptement.

DOM JUAN. Comment ! je veux qu'on vous escorte, et je m'intéresse trop à votre personne ; je suis votre serviteur, et de plus votre débiteur.

MONSIEUR DIMANCHE. Ah ! Monsieur...

DOM JUAN. C'est une chose que je ne cache pas, et je le dis à tout le monde.

MONSIEUR DIMANCHE. Si...

DOM JUAN. Voulez-vous que je vous reconduise ?

MONSIEUR DIMANCHE. Ah ! Monsieur, vous vous moquez. Monsieur...

DOM JUAN. Embrassez-moi donc, s'il vous plaît. Je vous prie encore une fois d'être persuadé que je suis tout à vous, et qu'il n'y a rien au monde que je ne fisse pour votre service [1].

Il sort.

SGANARELLE. Il faut avouer que vous avez en Monsieur un homme qui vous aime bien.

MONSIEUR DIMANCHE. Il est vrai ; il me fait tant de civilités et tant de compliments, que je ne saurais jamais lui demander de l'argent.

SGANARELLE. Je vous assure que toute sa maison périrait pour vous ; et je voudrais qu'il vous arrivât quelque chose, que quelqu'un s'avisât de vous donner des coups de bâton : vous verriez de quelle manière...

---

1. Cette remarque amène une variation plaisante sur le thème de la scène qui précède, avec transposition du maître au valet, qui, prenant modèle, entend ne pas payer davantage ses propres dettes.

Monsieur Dimanche. Je le crois ; mais, Sganarelle, je
   vous prie de lui dire un petit mot de mon argent.

Sganarelle. Oh ! ne vous mettez pas en peine, il vous
   paiera le mieux du monde.

Monsieur Dimanche. Mais vous, Sganarelle, vous me
   devez quelque chose en votre particulier.

Sganarelle. Fi ! ne parlez pas de cela.

Monsieur Dimanche. Comment ! Je...

Sganarelle. Ne sais-je pas bien que je vous dois ?

Monsieur Dimanche. Oui, mais...

Sganarelle. Allons, monsieur Dimanche, je vais vous
   éclairer.

Monsieur Dimanche. Mais mon argent...

Sganarelle, *prenant monsieur Dimanche par le bras.*
   Vous moquez-vous ?

Monsieur Dimanche. Je veux...

Sganarelle, *le tirant.* Eh !

Monsieur Dimanche. J'entends...

Sganarelle, *le poussant.* Bagatelles !

Monsieur Dimanche. Mais...

Sganarelle, *le poussant.* Fi !

Monsieur Dimanche. Je...

Sganarelle, *le poussant tout à fait hors du théâtre.* Fi !
   vous dis-je.

Scène 4

Dom Louis, Dom Juan, La Violette, Sganarelle

La Violette. Monsieur, voilà Monsieur votre père.

Dom Juan. Ah ! me voici bien ! il me fallait cette visite
   pour me faire enrager [1].

Dom Louis. Je vois bien que je vous embarrasse, et que

---

1. Comparer avec : « voilà ce qu'il nous faut », au début de la scène 2 :
autre visite importune et bien plus embarrassante pour Dom Juan que celle
de son tailleur.

vous vous passeriez fort aisément de ma venue. À
dire vrai, nous nous incommodons étrangement l'un
l'autre ; et si vous êtes las de me voir, je suis bien las
de vos déportements. Hélas ! que nous savons peu ce
que nous faisons quand nous ne laissons pas au Ciel
le soin des choses qu'il nous faut, quand nous voulons être plus avisés que lui, et que nous venons à
l'importuner par nos souhaits aveugles et nos
demandes inconsidérées ! J'ai souhaité un fils[1] avec
des ardeurs nonpareilles ; je l'ai demandé sans
relâche avec des transports incroyables ; et ce fils,
que j'obtiens en fatiguant le Ciel de vœux, est le chagrin et le supplice de cette vie même dont je croyais
qu'il devait être la joie et la consolation. De quel œil,
à votre avis, pensez-vous que je puisse voir cet amas
d'actions indignes, dont on a peine, aux yeux du
monde, d'adoucir le mauvais visage[2], cette suite
continuelle de méchantes affaires[3], qui nous réduisent, à toutes heures, à lasser les bontés du Souverain, et qui ont épuisé auprès de lui le mérite de mes
services et le crédit de mes amis ? Ah ! quelle bassesse est la vôtre ! Ne rougissez-vous point de mériter si peu votre naissance[4] ? Êtes-vous en droit,
dites-moi, d'en tirer quelque vanité ? Et qu'avez-
vous fait dans le monde pour être gentilhomme ?
Croyez-vous qu'il suffise d'en porter le nom et les
armes[5], et que ce nous soit une gloire d'être sorti
d'un sang noble lorsque nous vivons en infâmes ?
Non, non, la naissance n'est rien où la vertu n'est

1. Pour assurer la perpétuation de la lignée. Mais il n'a pas prévu qu'à la
différence de Rodrigue dans *Le Cid* le fils qu'il avait demandé pourrait
dégénérer.   2. « Visage se dit aussi figurément en choses morales »
(Furetière), au sens d'aspect. Comprendre : dont on atténue avec peine,
dans l'opinion publique, le fâcheux effet.   3. D'esclandres et de scandales, pour lesquels il faut sans répit solliciter la grâce ou l'indulgence du
monarque, en invoquant les services rendus à la couronne par le père de
Dom Juan et l'influence de ses amis sur l'esprit du roi.   4. De mériter
si peu, par votre conduite, le privilège d'être né noble.   5. Les armoiries.

pas[1]. Aussi nous n'avons part à la gloire de nos
ancêtres qu'autant que nous nous efforçons de leur
ressembler ; et cet éclat de leurs actions qu'ils répan-
dent sur nous, nous impose un engagement de leur
faire le même honneur, de suivre les pas qu'ils nous
tracent, et de ne point dégénérer de leurs vertus, si
nous voulons être estimés leurs véritables descen-
dants. Ainsi vous descendez en vain des aïeux dont
vous êtes né : ils vous désavouent pour leur sang, et
tout ce qu'ils ont fait d'illustre ne vous donne aucun
avantage ; au contraire, l'éclat n'en rejaillit sur vous
qu'à votre déshonneur, et leur gloire est un flambeau
qui éclaire aux yeux d'un chacun la honte de vos
actions. Apprenez enfin qu'un gentilhomme qui vit
mal est un monstre dans la nature, que la vertu est le
premier titre de noblesse, que je regarde bien moins
au nom qu'on signe qu'aux actions qu'on fait[2], et
que je ferais plus d'état du fils d'un crocheteur[3] qui
serait honnête homme, que du fils d'un monarque
qui vivrait comme vous.

DOM JUAN. Monsieur, si vous étiez assis, vous en seriez
mieux pour parler[4].

DOM LOUIS. Non, insolent, je ne veux point m'asseoir,
ni parler davantage, et je vois bien que toutes mes
paroles ne font rien[5] sur ton âme. Mais sache, fils
indigne, que la tendresse paternelle est poussée à
bout par tes actions, que je saurai, plus tôt que tu
ne penses, mettre une borne à tes dérèglements,

---

1. « Alexandrin » dans la prose de la pièce, non moins vigoureusement
frappé que les vers maximes de Corneille, et qui résume l'idée maîtresse
de la tirade.   2. Je juge les gens moins sur leur nom que sur leurs
actes.   3. Que j'estimerais plus le fils d'un portefaix...   4. Même
conduite qu'avec Monsieur Dimanche à la scène 3 (« Allons, vite, un siège
pour Monsieur Dimanche », etc.) mais sur un autre ton : la déférence apparente de la formulation ne rend que plus insultante l'insolence de ce fils
aussi peu réceptif aux objurgations solennelles de son père qu'aux bur-
lesques et naïves leçons de morale prêchées par son valet.   5. Restent
sans effet.

prévenir sur toi le courroux du Ciel[1], et laver par ta punition la honte de t'avoir fait naître.

Il sort.

Scène 5

DOM JUAN, SGANARELLE

DOM JUAN. Eh ! mourez le plus tôt que vous pourrez, c'est le mieux que vous puissiez faire. Il faut que chacun ait son tour, et j'enrage de voir des pères qui vivent autant que leurs fils[2].

Il se met dans son fauteuil.

SGANARELLE. Ah ! Monsieur, vous avez tort.

DOM JUAN. J'ai tort ?

SGANARELLE. Monsieur...

DOM JUAN, *se lève de son siège.* J'ai tort ?

SGANARELLE. Oui, Monsieur, vous avez tort d'avoir souffert ce qu'il vous a dit[3], et vous le deviez mettre dehors par les épaules. A-t-on jamais rien vu de plus impertinent ? Un père venir faire des remontrances à son fils, et lui dire de corriger ses actions, de se ressouvenir de sa naissance, de mener une vie d'honnête homme, et cent autres sottises de pareille nature ! Cela se peut-il souffrir à un homme comme vous, qui savez comme il faut vivre ? J'admire votre patience ; et si j'avais été en votre place,

---

1. Détourner par un châtiment exemplaire la colère céleste avant qu'elle ne se soit abattue sur toi.   2. Demeurer vivants jusqu'à la mort de leurs fils.   3. Comme Dom Juan se montre menaçant, Sganarelle s'empresse de battre en retraite et de substituer au discours qu'il allait tenir des paroles toutes contraires qui, loin de le blâmer, lui donnent entièrement raison. Les vérités qu'il s'apprêtait à lui dire sont aussitôt remplacées par autant de contrevérités qu'il débite à contrecœur parce qu'il manque du courage nécessaire, comme à son habitude, pour tenir tête à son maître.

je l'aurais envoyé promener. *(À part.)* Ô complaisance maudite, à quoi me réduis-tu !

DOM JUAN. Me fera-t-on souper bientôt ?

Scène 6

DOM JUAN, DONE ELVIRE, RAGOTIN, SGANARELLE

RAGOTIN. Monsieur, voici une dame voilée[1] qui vient vous parler.

DOM JUAN. Que pourrait-ce être ?

SGANARELLE. Il faut voir.

DONE ELVIRE. Ne soyez point surpris, Dom Juan, de me voir à cette heure et dans cet équipage. C'est un motif pressant qui m'oblige à cette visite, et ce que j'ai à vous dire ne veut point du tout de retardement. Je ne viens point ici pleine de ce courroux que j'ai tantôt fait éclater, et vous me voyez bien changée de ce que j'étais ce matin. Ce n'est plus cette Done Elvire qui faisait des vœux contre vous, et dont l'âme irritée ne jetait que menaces et ne respirait que vengeance. Le Ciel a banni de mon âme toutes ces indignes ardeurs que je sentais pour vous, tous ces transports tumultueux d'un attachement criminel, tous ces honteux emportements d'un amour terrestre et grossier ; et il n'a laissé dans mon cœur pour vous qu'une flamme épurée de tout le commerce des sens, une tendresse toute sainte, un amour détaché de tout, qui n'agit point pour soi, et ne se met en peine que de votre intérêt.

DOM JUAN, *à Sganarelle.* Tu pleures, je pense[2].

---

1. C'est-à-dire le visage couvert d'un voile, comme une pécheresse repentie, une autre sainte Madeleine.   2. Nous dirions plutôt : « tu pleures, je crois bien ». La remarque est formulée avec ironie. Sganarelle éprouve le besoin de s'excuser, honteux de laisser paraître une émotion que son maître, pourtant le principal intéressé, ne partage nullement.

SGANARELLE. **Pardonnez-moi.**

DONE ELVIRE. C'est ce parfait et pur amour qui me conduit ici pour votre bien, pour vous faire part d'un avis du Ciel, et tâcher de vous retirer du précipice où vous courez. Oui, Dom Juan, je sais tous les dérèglements de votre vie, et ce même Ciel qui m'a touché le cœur et fait jeter les yeux sur les égarements de ma conduite, m'a inspiré de vous venir trouver, et de vous dire, de sa part, que vos offenses ont épuisé sa miséricorde, que sa colère redoutable est prête de [1] tomber sur vous, qu'il est en vous [2] de l'éviter par un prompt repentir, et que peut-être vous n'avez pas encore un jour à vous pouvoir soustraire au plus grand de tous les malheurs. Pour moi, je ne tiens plus à vous par aucun attachement du monde [3] ; je suis revenue, grâces au Ciel, de toutes mes folles pensées ; ma retraite est résolue, et je ne demande qu'assez de vie pour pouvoir expier la faute que j'ai faite, et mériter, par une austère pénitence, le pardon de l'aveuglement où m'ont plongée les transports d'une passion condamnable. Mais, dans cette retraite, j'aurais une douleur extrême qu'une personne que j'ai chérie tendrement devînt un exemple funeste de la justice du Ciel ; et ce me sera une joie incroyable si je puis vous porter à détourner de dessus votre tête l'épou-

---

1. Au XVIIe siècle, on distingue mal « prêt à » de « près de ».   2. En votre pouvoir. La grâce est offerte au pécheur même le plus endurci. Suivant son choix, à lui de se damner ou de se sauver. Reste que, sans le secours de la grâce, depuis la chute, il ne parviendrait plus à mériter son salut par ses seules forces : choisir la voie du repentir, disent les jansénistes, ne se peut sans une grâce qui n'est pas offerte à tous, et que même les justes ne sont jamais, en ce monde, assurés d'obtenir. Done Elvire, moins augustinienne et plus fidèle à l'orthodoxie du catholicisme, croit que, jusqu'à son heure dernière, chacun reste libre et maître de son destin après la mort. Elle espère aussi dans la communion des saints pour sauver des âmes par la prière.   3. Mondain. Done Elvire, toujours davantage, tend à se modeler sur sainte Madeleine et sa retraite à la Sainte-Baume, en expiation de son inconduite passée.

vantable coup qui vous menace. De grâce, Dom
Juan, accordez-moi, pour dernière faveur, cette
douce consolation ; ne me refusez point votre salut,
que je vous demande avec larmes ; et si vous n'êtes
point touché de votre intérêt, soyez-le au moins de
mes prières, et m'épargnez[1] le cruel déplaisir de
vous voir condamner à des supplices éternels.

SGANARELLE, *à part.* Pauvre femme !

DONE ELVIRE. Je vous ai aimé avec une tendresse
extrême, rien au monde ne m'a été si cher que
vous ; j'ai oublié mon devoir pour vous, j'ai fait
toutes choses pour vous ; et toute la récompense
que je vous en demande, c'est de corriger votre vie,
et de prévenir votre perte[2]. Sauvez-vous, je vous
prie, ou pour l'amour de vous, ou pour l'amour de
moi. Encore une fois, Dom Juan, je vous le
demande avec larmes ; et si ce n'est assez des
larmes d'une personne que vous avez aimée, je vous
en conjure par tout ce qui est le plus capable de
vous toucher.

SGANARELLE, *à part.* Cœur de tigre !

DONE ELVIRE. Je m'en vais, après ce discours, et voilà
tout ce que j'avais à vous dire.

DOM JUAN. Madame, il est tard, demeurez ici[3] : on
vous y logera le mieux qu'on pourra.

---

1. Épargnez-moi, dirait-on à présent.   2. D'éviter votre perte avant
qu'elle ne survienne. La répétition de « vous » à la fin de trois propositions
successives produit un effet d'incantation ou plus exactement d'implora-
tion. Done Elvire, à l'inverse d'Agnès tombée sous le charme (*L'École des
femmes*), est désenvoûtée, mais son amour subsiste sous une autre forme,
plus haute et dépouillée de toute sensualité.   3. Offre non plus d'un
siège comme à Monsieur Dimanche ou Dom Louis, mais d'un lit, avec le
secret espoir de séduire à nouveau Done Elvire, redevenue attirante à ses
yeux dès lors qu'elle se refuse à lui. Décidément incorrigible, il s'obstine à
ne pas changer de vie. Son parti désormais est pris. Il opte, en toute
connaissance de cause et dûment averti, pour l'impénitence et vient de
signer sa damnation, désormais presque inévitable, en dépit du surcroît de
perches qui lui seront tendues sous la forme d'apparitions.

DONE ELVIRE. Non, Dom Juan, ne me retenez pas davantage.

DOM JUAN. Madame, vous me ferez plaisir de demeurer, je vous assure.

DONE ELVIRE. Non, vous dis-je, ne perdons point de temps en discours superflus. Laissez-moi vite aller, ne faites aucune instance pour me conduire[1], songez seulement à profiter de mon avis.

Scène 7

DOM JUAN, SGANARELLE, SUITE

DOM JUAN. Sais-tu bien que j'ai encore senti quelque peu d'émotion pour elle, que j'ai trouvé de l'agrément dans cette nouveauté bizarre, et que son habit négligé, son air languissant et ses larmes ont réveillé en moi quelques petits restes d'un feu éteint ?

SGANARELLE. C'est-à-dire que ses paroles n'ont fait aucun effet sur vous.

DOM JUAN. Vite à souper.

SGANARELLE. Fort bien.

DOM JUAN, *se mettant à table*. Sganarelle, il faut songer à s'amender pourtant.

SGANARELLE. Oui-da[2] !

DOM JUAN. Oui, ma foi ! il faut s'amender ; encore

---

1. Vous m'offririez inutilement de me reconduire. Comparer avec la sortie de Monsieur Dimanche à la scène 3 du même acte, construit tout entier sur une série d'entrevues offrant chacune à Dom Juan une chance de venir à résipiscence, classées en ordre ascendant de gravité (hormis, avant la dernière l'intermède burlesque avec Sganarelle (scène 7), avant l'arrivée du Commandeur, auquel on ne pensait presque plus et qu'on avait quasiment cessé d'attendre) et liées entre elles par un subtil jeu d'échos.   2. « Da : interjection qui sert à augmenter l'affirmation [...] C'est un terme populaire » (Furetière). Sganarelle, croyant son maître sur le point de se convertir, souscrit d'autant plus à l'intention de s'amender manifestée par Dom Juan, qu'un instant auparavant il en désespérait. Fausse joie, néanmoins, dont il sera désabusé tout aussitôt.

vingt ou trente ans de cette vie-ci, et puis nous son-
gerons à nous.

SGANARELLE. Oh !

DOM JUAN. Qu'en dis-tu ?

SGANARELLE. Rien, voilà le souper.

*Il prend un morceau d'un des plats qu'on apporte, et le
met dans sa bouche.*

DOM JUAN. Il me semble que tu as la joue enflée ;
qu'est-ce que c'est ? Parle donc, qu'as-tu là ?

SGANARELLE. Rien.

DOM JUAN. Montre un peu. Parbleu ! c'est une fluxion
qui lui est tombée sur la joue. Vite, une lancette[1]
pour percer cela ! Le pauvre garçon n'en peut plus,
et cet abcès le pourrait étouffer. Attends : voyez
comme il était mûr[2]. Ah ! coquin que vous êtes !

SGANARELLE. Ma foi, Monsieur, je voulais voir si votre
cuisinier n'avait point mis trop de sel ou trop de
poivre.

DOM JUAN. Allons, mets-toi là, et mange. J'ai affaire[3]
de toi quand j'aurai soupé. Tu as faim, à ce que je
vois.

SGANARELLE, *se met à table*. Je le crois bien, Monsieur :
je n'ai point mangé depuis ce matin. Tâtez[4] de cela,
voilà qui est le meilleur du monde.

*Un laquais ôte les assiettes de Sganarelle d'abord qu'il
y a dessus à manger.*

Mon assiette, mon assiette ! tout doux, s'il vous
plaît. Vertubleu ! petit compère, que vous êtes habile

---

1. « Petit instrument de chirurgie fait d'un acier fort pliant et pointu, qui
sert principalement à ouvrir la veine » en cas de saignée, mais qui s'utilise
également pour les « ouvertures des apostumes » (Furetière).   2. Sganarelle, entre-temps, a fini par avaler le morceau qu'il avait mis dans sa bouche.   3. « On dit avoir affaire pour dire : avoir besoin » (*Dictionnaire
de l'Académie française*, 1694).   4. « Tâter [...] c'est-à-dire goûter,
essayer » (Richelet).

à donner des assiettes nettes[1] ! et vous, petit La Violette, que vous savez présenter à boire à propos !

> *Pendant qu'un laquais donne à boire à Sganarelle, l'autre laquais ôte encore son assiette.*

DOM JUAN. Qui peut frapper de cette sorte ?

SGANARELLE. Qui diable nous vient troubler dans notre repas ?

DOM JUAN. Je veux souper en repos au moins, et qu'on ne laisse entrer personne.

SGANARELLE. Laissez-moi faire, je m'y en vais[2] moi-même.

DOM JUAN. Qu'est-ce donc ? qu'y a-t-il ?

SGANARELLE, *baissant la tête comme a fait la statue.* Le... qui est là !

DOM JUAN. Allons voir, et montrons que rien ne me saurait ébranler.

SGANARELLE. Ah ! pauvre Sganarelle, où te cacheras-tu ?

Scène 8

DOM JUAN, LA STATUE DU COMMANDEUR, *qui vient se mettre à table*, SGANARELLE, SUITE

DOM JUAN. Une chaise[3] et un couvert, vite donc. (*À Sganarelle.*) Allons, mets-toi à table.

SGANARELLE. Monsieur, je n'ai plus faim.

DOM JUAN. Mets-toi là, te dis-je. À boire. À la santé du Commandeur : je te la porte[4], Sganarelle. Qu'on lui donne du vin.

SGANARELLE. Monsieur, je n'ai pas soif.

---

1. Propres — mais vides... 2. Je vais y aller. 3. Troisième offre d'un siège, au cours de l'acte. 4. « Porter se dit en matière de jeux et de divertissements. On porte à table des santés » (Furetière). On dirait aujourd'hui qu'on porte non une santé, mais un toast.

DOM JUAN. Bois, et chante ta chanson, pour régaler[1] le Commandeur.

SGANARELLE. Je suis enrhumé[2], Monsieur.

DOM JUAN. Il n'importe. Allons. Vous autres, venez, accompagnez sa voix.

LA STATUE. Dom Juan, c'est assez. Je vous invite à venir demain souper avec moi. En aurez-vous le courage ?

DOM JUAN. Oui, j'irai, accompagné du seul Sganarelle.

SGANARELLE. Je vous rends grâce, il est demain jeûne pour moi[3].

DOM JUAN, *à Sganarelle*. Prends ce flambeau.

LA STATUE. On n'a pas besoin de lumière, quand on est conduit par le Ciel.

---

1. « Divertir, réjouir » (Richelet).   2. Enroué.   •   3. Demain est pour moi jour de jeûne.

ACTE V

Scène 1

DOM LOUIS, DOM JUAN, SGANARELLE

DOM LOUIS. Quoi ? mon fils, serait-il possible que la bonté du Ciel eût exaucé mes vœux ? Ce que vous me dites est-il bien vrai ? ne m'abusez-vous point d'un faux espoir, et puis-je prendre quelque assurance sur la nouveauté surprenante d'une telle conversion ?

DOM JUAN, *faisant l'hypocrite.* Oui, vous me voyez revenu de toutes mes erreurs ; je ne suis plus le même d'hier au soir, et le Ciel tout d'un coup a fait en moi un changement qui va surprendre tout le monde : il a touché mon âme et dessillé [1] mes yeux, et je regarde avec horreur le long aveuglement où j'ai été, et les désordres criminels de la vie que j'ai menée. J'en repasse dans mon esprit toutes les abominations, et m'étonne comme [2] le Ciel les a pu souffrir si longtemps, et n'a pas vingt fois sur ma tête laissé tomber les coups de sa justice redoutable. Je vois les grâces que sa bonté m'a faites en ne me punissant point de mes crimes ; et je prétends en profiter comme je dois, faire éclater aux yeux du monde un soudain changement de vie, réparer par

---

1. « Dessiller se dit figurément des yeux de l'esprit, et signifie : détromper » (Furetière).   2. Je me demande avec étonnement comment, etc.

là le scandale de mes actions passées, et m'efforcer d'en obtenir du Ciel une pleine rémission. C'est à quoi je vais travailler ; et je vous prie, Monsieur, de vouloir bien contribuer à ce dessein, et de m'aider vous-même à faire choix d'une personne qui me serve de guide [1], et sous la conduite de qui je puisse marcher sûrement dans le chemin où je m'en vais entrer.

DOM LOUIS. Ah ! mon fils, que la tendresse d'un père est aisément rappelée, et que les offenses d'un fils s'évanouissent vite au moindre mot de repentir ! Je ne me souviens plus déjà de tous les déplaisirs [2] que vous m'avez donnés, et tout est effacé par les paroles que vous venez de me faire entendre. Je ne me sens pas [3], je l'avoue ; je jette des larmes de joie ; tous mes vœux sont satisfaits, et je n'ai plus rien désormais à demander au Ciel. Embrassez-moi, mon fils, et persistez, je vous conjure, dans cette louable pensée. Pour moi, j'en vais tout de ce pas porter l'heureuse nouvelle à votre mère, partager avec elle les doux transports du ravissement où je suis, et rendre grâce au Ciel des saintes résolutions qu'il a daigné vous inspirer.

Scène 2

DOM JUAN, SGANARELLE

SGANARELLE. Ah ! Monsieur, que j'ai de joie de vous voir converti ! Il y a longtemps que j'attendais cela, et voilà, grâce au Ciel, tous mes souhaits accomplis.

DOM JUAN. La peste le benêt ! [4]

SGANARELLE. Comment, le benêt ?

---

1. Un directeur de conscience.   2. Au sens très fort de : profonds chagrins.   3. Je ne sais plus où j'en suis tant je me sens transporté d'aise.
4. Peste soit du benêt.

DOM JUAN. Quoi ? tu prends pour de bon argent ce
  que je viens de dire, et tu crois que ma bouche était
  d'accord avec mon cœur ?

SGANARELLE. Quoi ? ce n'est pas... Vous ne... Votre...
  Oh ! quel homme ! quel homme ! quel homme !

DOM JUAN. Non, non, je ne suis point changé, et mes
  sentiments[1] sont toujours les mêmes.

SGANARELLE. Vous ne vous rendez pas à la surprenante
  merveille[2] de cette statue mouvante et parlante ?

DOM JUAN. Il y a bien quelque chose là-dedans que je
  ne comprends pas ; mais quoi que ce puisse être,
  cela n'est pas capable ni de convaincre mon esprit,
  ni d'ébranler mon âme ; et si j'ai dit que je voulais
  corriger ma conduite et me jeter dans un train de
  vie exemplaire, c'est un dessein que j'ai formé par
  pure politique[3], un stratagème utile, une grimace[4]
  nécessaire où je veux[5] me contraindre, pour ména-
  ger un père dont j'ai besoin, et me mettre à couvert,
  du côté des hommes, de cent fâcheuses aventures
  qui pourraient m'arriver. Je veux bien, Sganarelle,
  t'en faire confidence, et je suis bien aise d'avoir un
  témoin du fond de mon âme et des véritables motifs
  qui m'obligent à faire les choses.

SGANARELLE. Quoi ! vous ne croyez rien du tout, et
  vous voulez cependant vous ériger en homme de
  bien ?

DOM JUAN. Et pourquoi non ? Il y en a tant d'autres
  comme moi, qui se mêlent de ce métier, et qui se
  servent du même masque pour abuser le monde !

---

1. Mes opinions en matière de foi.   2. « Chose [...] extraordinaire [...]
qu'on ne peut [...] comprendre » (Furetière), à cause de ce qu'elle présente
de surnaturel.   3. « Politique : conduite fine et adroite dont la fin est
de se maintenir ou de devenir heureux » (Richelet). On dirait aujourd'hui
simplement : par calcul.   4. Une simagrée, que Furetière définit comme
une « petite grimace », une affectation de geste et de contenances, lui donnant pour étymologie, faussement sans doute, mais de façon significative,
le latin *simulacrum*, simulacre. « Grimace signifie figurément : feinte, hypocrisie » (Furetière encore).   5. À quoi je veux.

SGANARELLE. Ah ! quel homme ! quel homme !

DOM JUAN. Il n'y a plus de honte maintenant à cela : l'hypocrisie est un vice à la mode, et tous les vices à la mode passent pour vertus. Le personnage d'homme de bien est le meilleur de tous les personnages qu'on puisse jouer aujourd'hui, et la profession d'hypocrite a de merveilleux avantages. C'est un art de qui l'imposture est toujours respectée ; et quoiqu'on la découvre, on n'ose rien dire contre elle. Tous les autres vices des hommes sont exposés à la censure, et chacun a la liberté de les attaquer hautement ; mais l'hypocrisie est un vice privilégié, qui, de sa main, ferme la bouche à tout le monde, et jouit en repos d'une impunité souveraine. On lie, à force de grimaces, une société [1] étroite avec tous les gens du parti [2]. Qui en choque un, se les jette tous sur les bras ; et ceux que l'on sait même agir de bonne foi là-dessus [3], et que chacun connaît pour être véritablement touchés, ceux-là, dis-je, sont toujours les dupes des autres ; ils donnent hautement dans le panneau des grimaciers, et appuient aveuglément les singes [4] de leurs actions. Combien crois-tu que j'en connaisse qui, par ce stratagème, ont rhabillé [5] adroitement les désordres de leur jeunesse, qui se sont fait un bouclier du manteau de

---

1. « Société : est aussi une liaison particulière de quelques hommes faite par intérêt » (Furetière). 2. « Parti : union de plusieurs personnes contre d'autres qui sont dans un intérêt contraire » (*Dictionnaire* de l'Académie française, 1694). 3. Sincères dans leurs convictions religieuses, et non faux dévots, mais parmi lesquels se sont infiltrés les hypocrites qui seront désignés un peu plus loin par l'appellation de « grimaciers ». 4. Les imitateurs. 5. « Rhabiller signifie [...] : raccommoder quelque chose [...] On dit aussi au figuré qu'on rhabille une faute [...] quand on répare le mal que l'on a fait » (Furetière). Mais il s'agit ici plutôt de couvrir les désordres d'une jeunesse fertile en scandales, afin de les ensevelir dans le silence et de s'en dédouaner à bon compte. « Rhabillé », « bouclier », « manteau », « habit » : la métaphore est filée avec une insistance particulièrement significative. « Rajuster » appartient de même, pris dans son sens concret, au domaine du vêtement ou du costume.

la religion, et, sous cet habit respecté, ont la permission d'être les plus méchants hommes du monde ? On a beau savoir leurs intrigues et les connaître
pour ce qu'ils sont, ils ne laissent pas pour cela
d'être en crédit parmi les gens ; et quelque baisse-
ment de tête, un soupir mortifié, et deux roule-
ments d'yeux rajustent dans le monde tout ce qu'ils
peuvent faire. C'est sous cet abri favorable que je
veux me sauver, et mettre en sûreté mes affaires. Je
ne quitterai point mes douces habitudes ; mais j'aurai soin de me cacher et me divertirai à petit bruit.
Que si je viens à être découvert, je verrai, sans me
remuer, prendre mes intérêts à toute la cabale [1],
et je serai défendu par elle envers et contre tous. Enfin
c'est là le vrai moyen de faire impunément tout ce
que je voudrai. Je m'érigerai en censeur des actions
d'autrui, jugerai mal de tout le monde, et n'aurai
bonne opinion que de moi. Dès qu'une fois on
m'aura choqué tant soit peu, je ne pardonnerai
jamais et garderai tout doucement une haine irré-
conciliable. Je ferai le vengeur des intérêts du Ciel,
et, sous ce prétexte commode, je pousserai mes
ennemis, je les accuserai d'impiété, et saurai
déchaîner contre eux des zélés indiscrets [2], qui, sans
connaissance de cause, crieront en public contre
eux, qui les accableront d'injures, et les damneront
hautement de leur autorité privée. C'est ainsi qu'il
faut profiter des faiblesses des hommes, et qu'un
sage esprit s'accommode aux vices de son siècle.

SGANARELLE. Ô Ciel ! qu'entends-je ici ? Il ne vous
manquait plus que d'être hypocrite pour vous ache-

---

1. Ma défense prise par toute la cabale. Suivant Furetière : « Société de
personnes qui sont dans la même confidence et dans les mêmes intérêts. »
Mais le mot « se prend ordinairement en mauvaise part ».   2. Des fana-
tiques dépourvus de discernement.

ver de tout point [1], et voilà le comble des abominations. Monsieur, cette dernière-ci m'emporte et je
ne puis m'empêcher de parler. Faites-moi tout ce
qu'il vous plaira, battez-moi, assommez-moi de
coups, tuez-moi, si vous voulez : il faut que je
décharge mon cœur [2], et qu'en valet fidèle je vous
dise ce que je dois. Sachez, Monsieur, que tant va
la cruche à l'eau, qu'enfin elle se brise ; et comme
dit fort bien cet auteur que je ne connais pas,
l'homme est en ce monde ainsi que l'oiseau sur la
branche ; la branche est attachée à l'arbre ; qui s'at-
tache à l'arbre suit de bons préceptes ; les bons préceptes valent mieux que les belles paroles ; les
belles paroles se trouvent à la cour ; à la cour sont
les courtisans ; les courtisans suivent la mode ; la
mode vient de la fantaisie ; la fantaisie [3] est une
faculté de l'âme ; l'âme est ce qui nous donne la
vie ; la vie finit par la mort ; la mort nous fait penser
au Ciel ; le Ciel est au-dessus de la terre ; la terre
n'est point la mer ; la mer est sujette aux orages ;
les orages tourmentent les vaisseaux ; les vaisseaux
ont besoin d'un bon pilote ; un bon pilote a de la
prudence ; la prudence n'est point dans les jeunes
gens ; les jeunes gens doivent obéissance aux vieux ;

---

1. Pour que vous deveniez un méchant achevé, comme on dit : « C'est un
fou achevé, pour dire entièrement fou » (Furetière).   2. Que je donne
libre cours à ce qui me pèse depuis longtemps sur le cœur. La digue une
fois rompue par son irrépressible besoin de parler, le torrent se déverse
pêle-mêle, charriant proverbes, lieux communs, lapalissades, dans un
enchaînement qui défie toute logique et ne progresse que par la juxtaposi-
tion de certains mots, apparaissant à la fin d'une proposition pour se
retrouver immédiatement au début de la suivante. De ce chaos, pourtant,
se dégagent quelques lignes directrices et quelques idées dont Sganarelle
est obsédé. Mais plus il s'évertue, plus les mots lui manquent, et surtout
les arguments persuasifs. Il s'en irrite si bien qu'en guise de péroraison il
envoie son maître au diable, dépité de n'avoir su l'émouvoir.   3. Dans
son premier emploi, le mot de « fantaisie » prend ici le sens de : caprice. À
sa seconde occurrence il signifie : l'imagination. Sganarelle, cela va sans
dire, ne prend pas garde à ce glissement d'une acception à l'autre.

les vieux aiment les richesses ; les richesses font les
riches ; les riches ne sont pas pauvres ; les pauvres
ont de la nécessité ; la nécessité[1] n'a point de loi ;
qui n'a pas de loi vit en bête brute ; et, par conséquent, vous serez damné à tous les diables.

DOM JUAN. Ô le beau raisonnement !

SGANARELLE. Après cela, si vous ne vous rendez[2], tant
pis pour vous.

Scène 3

DOM CARLOS, DOM JUAN, SGANARELLE

DOM CARLOS. Dom Juan, je vous trouve à propos, et
suis bien aise de vous parler ici plutôt que chez
vous, pour vous demander vos résolutions. Vous
savez que ce soin me regarde[3], et que je me suis en
votre présence chargé de cette affaire. Pour moi, je
ne le cèle point, je souhaite fort que les choses ail-
lent dans la douceur[4] ; et il n'y a rien que je ne
fasse pour porter votre esprit à vouloir prendre
cette voie, et pour vous voir publiquement confirmer à ma sœur le nom de votre femme.

DOM JUAN, *d'un ton hypocrite.* Hélas ! je voudrais bien,
de tout mon cœur, vous donner la satisfaction que
vous souhaitez ; mais le Ciel s'y oppose directe-
ment : il a inspiré à mon âme le dessein de changer
de vie, et je n'ai point d'autre pensée maintenant

---

1. Même glissement de sens que pour « fantaisie ». Première occurrence :
obligation impérieuse ; second emploi : misère. Dom Juan peut à bon droit
se moquer !   2. Si vous n'êtes pas convaincu que vous devez vous
convertir.   3. Que c'est à moi de m'en enquérir. Dom Carlos a dit à son
frère, en effet, vers la fin de la scène 4, à l'acte III : « je me charge de tout
le soin de notre honneur ».   4. Que nous évitions de nous battre en duel,
et que nous arrangions l'affaire à l'amiable : solution très possible, pourvu
seulement que Dom Juan accepte de rendre public son mariage avec Done
Elvire, resté jusqu'alors clandestin et secret.

que de quitter entièrement tous les attachements du monde, de me dépouiller au plus tôt de toutes sortes de vanités, et de corriger désormais par une austère conduite tous les dérèglements criminels où m'a porté le feu d'une aveugle jeunesse.

Dom Carlos. Ce dessein, Dom Juan, ne choque point ce que je dis ; et la compagnie d'une femme légitime peut bien s'accommoder avec les louables pensées que le Ciel vous inspire.

Dom Juan. Hélas ! point du tout. C'est un dessein que votre sœur elle-même a pris : elle a résolu sa retraite, et nous avons été touchés tous deux en même temps [1].

Dom Carlos. Sa retraite ne peut nous satisfaire, pouvant être imputée au mépris [2] que vous feriez d'elle et de notre famille ; et notre honneur demande qu'elle vive avec vous.

Dom Juan. Je vous assure que cela ne se peut. J'en avais, pour moi, toutes les envies du monde, et je me suis même encore aujourd'hui conseillé au Ciel pour cela [3] ; mais lorsque je l'ai consulté, j'ai entendu une voix qui m'a dit que je ne devais point songer à votre sœur, et qu'avec elle assurément je ne ferais point mon salut.

Dom Carlos. Croyez-vous, Dom Juan, nous éblouir [4] par ces belles excuses ?

Dom Juan. J'obéis à la voix du Ciel.

Dom Carlos. Quoi ! vous voulez que je me paie [5] d'un semblable discours ?

---

1. Dom Juan se retranche derrière la décision annoncée par Done Elvire à la scène 6 de l'acte IV, avec d'autant plus de cynisme et d'impudence qu'elle ne l'a prise, en réalité, qu'après son refus de reprendre la vie commune avec elle.   2. Dom Carlos ne croit pas si bien dire : le mépris seul qu'a témoigné Dom Juan à Done Elvire dans leur première entrevue a fini par la déterminer, après une velléité de se venger, à se renfermer dans la clôture d'un couvent.   3. J'ai demandé conseil au Ciel sur ce sujet.   4. Nous en imposer.   5. Que je me contente.

Dom Juan. C'est le Ciel qui le veut ainsi.

Dom Carlos. Vous aurez fait sortir ma sœur d'un couvent pour la laisser ensuite ?

Dom Juan. Le Ciel l'ordonne de la sorte.

Dom Carlos. Nous souffrirons cette tache en notre famille ?

Dom Juan. Prenez-vous-en au Ciel.

Dom Carlos. Eh quoi ! toujours le Ciel !

Dom Juan. Le Ciel le souhaite comme cela.

Dom Carlos. Il suffit, Dom Juan, je vous entends. Ce n'est pas ici que je veux vous prendre [1], et le lieu ne le souffre pas ; mais, avant qu'il soit peu, je saurai vous trouver.

Dom Juan. Vous ferez ce que vous voudrez ; vous savez que je ne manque point de cœur, et que je sais me servir de mon épée quand il le faut. Je m'en vais passer tout à l'heure dans cette petite rue écartée qui mène au grand couvent ; mais je vous déclare, pour moi, que ce n'est point moi qui veux me battre : le Ciel m'en défend la pensée ; et si vous m'attaquez, nous verrons ce qui en arrivera.

Dom Carlos. Nous verrons, de vrai [2], nous verrons.

Scène 4

Dom Juan, Sganarelle

Sganarelle. Monsieur, quel diable de style prenez-vous là ? Ceci est bien pis que le reste, et je vous aimerais bien mieux encore comme vous étiez auparavant. J'espérais toujours [3] de votre salut ; mais c'est maintenant que j'en désespère ; et je

---

1. M'en prendre à vous.   2. Pour sûr.   3. J'en gardais (malgré tout) bonne opinion.

crois que le Ciel, qui vous a souffert[1] jusques ici, ne pourra souffrir du tout cette dernière horreur.

DOM JUAN. Va, va, le Ciel n'est pas si exact[2] que tu penses ; et si toutes les fois que les hommes...

SGANARELLE, *apercevant un spectre*. Ah ! Monsieur, c'est le Ciel qui vous parle, et c'est un avis qu'il vous donne.

DOM JUAN. Si le Ciel me donne un avis, il faut qu'il parle un peu plus clairement, s'il veut que je l'entende.

Scène 5

DOM JUAN, UN SPECTRE *en femme voilée*, SGANARELLE

LE SPECTRE. Dom Juan n'a plus qu'un moment à pouvoir profiter de la miséricorde du Ciel ; et s'il ne se repent ici[3], sa perte est résolue.

SGANARELLE. Entendez-vous, Monsieur ?

DOM JUAN. Qui ose tenir ces paroles ? Je crois connaître cette voix.

SGANARELLE. Ah ! Monsieur, c'est un spectre : je le reconnais au marcher.

DOM JUAN. Spectre, fantôme, ou diable, je veux voir ce que c'est.

Le spectre change de figure et représente le Temps avec sa faux à la main.

SGANARELLE. Ô Ciel ! voyez-vous, Monsieur, ce changement de figure ?

DOM JUAN. Non, non, rien n'est capable de m'impri-

---

1. A toléré que vous continuiez à vivre.   2. Nous dirions : à la fois si strict (mot qui manque dans les dictionnaires du XVIIᵉ siècle) et si ponctuel dans ses châtiments.   3. Maintenant.

mer de la terreur, et je veux éprouver avec mon épée si c'est un corps ou un esprit.

Le spectre s'envole dans le temps que Dom Juan le veut frapper.

SGANARELLE. Ah ! Monsieur, rendez-vous à tant de preuves, et jetez-vous vite dans le repentir.

DOM JUAN. Non, non, il ne sera pas dit, quoi qu'il arrive, que je sois capable de me repentir [1]. Allons, suis-moi.

Scène 6
LA STATUE, DOM JUAN, SGANARELLE

LA STATUE. Arrêtez, Dom Juan : vous m'avez hier donné parole de venir manger avec moi.

DOM JUAN. Oui. Où faut-il aller ?

LA STATUE. Donnez-moi la main.

DOM JUAN. La voilà.

LA STATUE. Dom Juan, l'endurcissement au péché traîne [2] une mort funeste, et les grâces du Ciel que l'on renvoie ouvrent un chemin à sa foudre.

DOM JUAN. Ô Ciel ! que sens-je ? Un feu invisible me brûle, je n'en puis plus, et tout mon corps devient un brasier ardent ! Ah !

Le tonnerre tombe avec un grand bruit et de grands éclairs sur Dom Juan ; la terre s'ouvre et l'abîme [3] ; et il sort de grands feux de l'endroit où il est tombé.

SGANARELLE. [Ah ! mes gages ! mes gages ! [4]] Voilà par sa mort un chacun satisfait : Ciel offensé, lois vio-

---

1. Ferme profession de ce qu'on appelle, à l'époque de Molière et de Bossuet, l'impénitence finale.   2. Attire comme conséquence.   3. L'engloutit.   4. Ces exclamations, et celles qui terminent la pièce, ne nous sont connues que par l'édition hollandaise de 1683.

lées, filles séduites, familles déshonorées, parents outragés, femmes mises à mal[1], maris poussés à bout, tout le monde est content. Il n'y a que moi seul de malheureux... [Mes gages ! mes gages, mes gages ![2]]

---

1. « Il a mis cette femme à mal : il l'a débauchée » (Furetière).
2. L'abrupte soudaineté de ce dénouement et l'extrême sobriété du texte produisent plus que le tonnerre, les éclairs et les feux de Bengale qui le rendent spectaculaire, un effet saisissant qui laisse l'assistance abasourdie comme nulle part ailleurs au même degré dans tout notre théâtre de l'âge classique.

DOSSIER

COMMENTAIRES

L'originalité de l'œuvre

À ne considérer que l'intrigue et ses sources, point de pièce moins originale que *Dom Juan*, du moins à première vue. Le sujet, apparu sur la scène une quarantaine d'années plus tôt dans le *Burlador de Séville*, avait été déjà souvent repris tant par l'Italie qu'en France. Très connue, cette histoire légendaire comportait un certain nombre d'épisodes obligés, dont le public n'aurait pas admis la suppression ni la modification : des rapts, l'alternance d'amours avec des femmes bien nées et de simples paysannes, le naufrage, le travesti du maître et du valet, la statue du Commandeur tué par le protagoniste, le festin chez Dom Juan, la nécessité dans laquelle il se trouve de fuir pour échapper à la vengeance ourdie par les parents de ses victimes, la présence à ses côtés d'un valet à la fois complice par crainte et réprobateur, la damnation finale, bref, presque tout préexistait. Certes, la donnée ne passait pas de main en main sans subir quelques altérations ni présenter différentes variantes, mais l'essentiel était fixé. Les changements ne portaient guère que sur des détails. Il en résulte que la pièce peut apparaître comme la copie d'œuvres antérieures, elles-mêmes dérivées d'autres plus anciennes. Une tradition s'était constituée, à la fois contraignante et facilitant la tâche d'un auteur pressé par le temps mais à court d'idées. Molière n'en manquait certes pas. Mais l'interdiction du *Tartuffe* contribuait à bouleverser ses projets.

Comme Georges Gendarme de Bévotte l'a montré dans sa *Légende de Dom Juan*, Molière doit peu, somme toute, aux modèles étrangers, espagnols comme Tirso de Molina (si le premier *Convidado di piedra* sort bien de sa plume) ou d'un autre, italiens tels que Cicognini. Ses vrais inspirateurs n'ont pas été cherchés si loin ; il n'a pas si haut remonté dans le passé : les deux adaptations françaises de Dorimon, puis de Villiers lui suffisaient :

> À ces deux devanciers et dans une proportion à peu près égale il doit à la fois la plus grande partie de son *Festin de Pierre* et les traits essentiels du caractère de Dom Juan. Les emprunts qu'il leur a faits ne se bornent même pas toujours à des idées générales, à des indications de scènes, complètement transformées dans l'exécution. Souvent l'imitation est beaucoup plus immédiate : il imite la pensée, il imite même l'expression.

Sa pièce n'en devient pas moins une magistrale recréation :

> Il agit envers ses modèles comme un homme de génie en use avec les matériaux mal dégrossis qui lui sont fournis : il prend l'idée première, la féconde, élimine les éléments accessoires, ajoute les développements qui donneront à l'œuvre de la profondeur et de la vérité.

Copie cependant, et passablement composite :

> À n'en regarder que la trame, le *Dom Juan* de Molière apparaît ainsi comme un composé assez hétéroclite d'éléments empruntés à quatre sources, amalgamés sans unité, transposés hâtivement et souvent sans rai-

son. L'auteur a l'air d'avoir écrit son œuvre en feuille-
tant ses modèles, prenant tantôt à l'un, tantôt à
l'autre, changeant la place des scènes, mettant au
premier acte ce qui était au deuxième chez Dorimon
et Villiers, comme le portrait par Sganarelle de son
maître, au second ce qu'ils avaient placé au quatrième,

ainsi l'épisode avec les paysannes,

      et cela sans que le développement de la pièce exigeât,
      même justifiât ces changements arbitraires [1].

Comparé au reste de l'œuvre, *Dom Juan* donne également de prime abord l'impression presque d'un
corps étranger, d'un aérolithe venu d'ailleurs. Cette
étrangeté ne tient pas comme on pourrait le penser à
ce que cinq actes en prose, formule inhabituelle au
XVIIe siècle, désorientent le public du temps : *La Princesse d'Élide*, antérieurement, ne semble pas avoir
beaucoup souffert de sa mise en vers inachevée : aussi
bien le roi, pressé, l'avait-il exigé. Par la suite cette
formule de grande comédie non écrite en vers décon-
certera davantage les premiers spectateurs de
L'Avare. Le cas du *Bourgeois gentilhomme* demeure à
part, puisqu'il s'agit d'une comédie-ballet.
Il semblerait plutôt que Molière, qui s'inspire avec
bonheur de modèles italiens, comme en témoigneront
par exemple ses *Fourberies de Scapin*, réussisse avec
moins de succès dans les sujets plus spécifiquement
espagnols : son *École des femmes* et son *Tartuffe*,
dérivés de nouvelles venues d'Espagne, lui valent de
retentissantes querelles, son *Dom Garcie de Navarre*
tombe à plat, tant parce que son appartenance au
genre de la comédie héroïque déçoit chez un auteur-
acteur dont on attend un comique plus proche de la

_____

1. *La Légende de Dom Juan*, 1911, t. I, pp. 86-87 et 96-97.

farce, que parce que cette pièce évoque la Fronde et le traité des Pyrénées au moment où la mort prochaine de Mazarin laisse prévoir un profond bouleversement du paysage politique ; et *Dom Juan* est retiré de l'affiche après quinze représentations.

Pourtant, rien de plus personnel que cette prétendue copie plus ou moins bâclée. Le valet s'appelle ici Sganarelle et s'insère dans la série de personnages que Molière a déjà joués ou qu'il incarnera sous ce nom. Il annonce aussi par certains aspects le Sosie d'*Amphitryon*, à cette différence près qu'il se trouve au service du séducteur et non du mari trompé. D'entrée son éloge du tabac manifeste une prétention à connaître les belles manières, qui l'apparente, en moins caricatural, au Mascarille des *Précieuses*.

Done Elvire apparaît comme une sœur un peu plus âgée d'Agnès dans *L'École des femmes* : elle montre la destinée qu'aurait sans doute connue la prisonnière d'Arnolphe si son enlèvement, organisé par Horace, n'avait échoué : celle d'une Rosine dans *Le Barbier de Séville*, devenue comtesse Almaviva dans *Le Mariage de Figaro* mais vite délaissée par un époux volage.

Le protagoniste lui-même, par son costume, ne se différencie pas des blondins dont se moquait Sganarelle dans *L'École des maris*, et vante les charmes de l'inconstance avec le langage de la belle galanterie à quoi n'eussent pas résisté Cathos et Magdelon dans *Les Précieuses ridicules*. À ce laudateur de l'infidélité masculine formera pendant l'incorrigible coquetterie féminine d'une Célimène. On le voit, les trois personnages principaux présentent plus d'une ressemblance avec ceux d'autres pièces : ils appartiennent sans conteste à la même famille.

Mais ils sont aussi traités sur un mode plus grave et l'analyse de leur personnalité va plus profond. Arrachée au cloître, oubliée par son séducteur et prête pour finir à retourner au couvent, Done Elvire pré-

cède la religieuse portugaise de Guilleragues seulement de quatre ans. La stratégie de Dom Juan lui-
même préfigure celle qu'à plus lointaine échéance
mettra, plus froidement méthodique, en œuvre le Valmont de Laclos dans *Les Liaisons dangereuses*, pour
vaincre les résistances de la vertueuse Tourvel. Même
Sganarelle annonce, mais en germe seulement, le
Leporello plus complexe et plus nuancé de Da Ponte
et de Mozart.

La pièce de Molière se rattache à l'ensemble de son
œuvre par de multiples liens, et de très près, si l'on
songe à l'évidente parenté qu'établit avec *Le Tartuffe*
la sorte de parabase où Dom Juan énumère les avantages de l'hypocrisie, ainsi qu'à sa feinte conversion.
Mais elle se révèle aussi porteuse en puissance d'un
riche avenir, dont d'autres que Molière, après lui,
sauront exploiter les multiples virtualités. Décalque
donc, où rien à peu près n'appartient en propre à
l'adaptateur d'une donnée usée, commune et rebat-
tue dès son époque, sinon le personnage de Monsieur
Dimanche, ébauche moins du Maître tailleur introduit plus tard dans *Le Bourgeois gentilhomme* que de
Monsieur Jourdain lui-même, dupe de Dorante et lui
servant de « vache à lait ».

Imitation, soit. Mais féconde et surtout puissamment originale, conformément à cette règle fondamentale, suivie aussi par La Fontaine dans ses *Contes*
et ses *Fables*, plus impérative que celle, au théâtre, de
ces trois unités avec lesquelles Molière dans *Dom
Juan* prend ses aises, selon quoi le plagiat s'affranchit
de toute servilité pour se muer en méditation recréa-
trice à partir des modèles dont on a choisi de s'inspirer.

Résumé de la pièce

Le premier acte ne compte que trois scènes, au cours desquelles seul Sganarelle, interprété par Molière, se trouve constamment présent. Il se déroule dans une ville sicilienne, à l'intérieur d'un palais, sans que le lieu soit autrement précisé. Le spectateur, d'entrée, est frappé par une caractéristique moins sensible dans les autres pièces de Molière : l'alternance de longues tirades — dont aucune ne se présente comme un monologue, où le personnage se parlerait à lui-même — et de répliques échangées dans un dialogue plus vif et plus coupé, semé parfois d'apartés, surtout dans le rôle du valet, mais aussi parfois dans celui du maître.

Au lever du rideau, Sganarelle poursuit une conversation déjà commencée avec l'écuyer de Done Elvire. Il vient d'apprendre qu'Elvire, quittée par Dom Juan, l'a suivi pour le relancer, escortée du fidèle Gusman. Une prise, partagée entre les deux interlocuteurs, marque une pause dans leur entretien et nous vaut un éloge paradoxal du tabac, qui contribue puissamment à favoriser la sociabilité. Réclame publicitaire, déjà ? Peut-être. Équivalent aussi des prologues facétieux autrefois débités par un Bruscambille à l'Hôtel de Bourgogne. Mais surtout portrait en action du personnage, bonimenteur né, volontiers moralisateur, non moins naïf dans sa croyance aux vertus civilisatrices de la tabatière qu'il apparaîtra crédule dans sa défense de la religion, et se donnant avec ses égaux ou ses inférieurs des airs de supériorité protectrice.

Les deux serviteurs reviennent ensuite à la situation de leurs maîtres respectifs. Qu'en adviendra-t-il ? Réconciliation, comme l'espère Gusman ? Ou rupture, comme ne le craint qu'avec trop de raison Sganarelle ? Occasion en tout cas pour lui de brosser le portrait de Dom Juan, qu'il présente comme certes encore jeune, mais déjà scélérat consommé, qui ne songe qu'à satisfaire sa soif inextinguible de plaisirs, impie sans scrupules, prêt toujours à promettre le mariage, qui finira mal et que son valet ne continue à servir que par crainte.

Le modèle de ce tableau virulent surgit : quand on parle du loup, il ne tarde pas à paraître. Sganarelle aussitôt perd en sa présence la belle assurance et l'audace qu'il affichait. La scène 2, qui se passe entre eux, constitue le premier de leurs duos, qui rythment tout le cours de la pièce. Le maître avoue qu'il a quitté Done Elvire pour se lancer dans une autre aventure amoureuse. Devant la désapprobation de son valet, il s'embarque à son tour dans une longue tirade en forme d'apologie pour l'inconstance, dont il chante les louanges avec tant de fougue que Sganarelle en reste abasourdi, sans renoncer pourtant à le chapitrer, feignant par prudence d'adresser sa remontrance à quelqu'un d'autre que son véritable destinataire : mercuriale contre les esprits forts qui tourne en critique des extravagances vestimentaires en matière de mode masculine. Dom Juan y coupe court, pour exposer son projet d'enlever à son futur époux une jeune fiancée trop éprise de son prétendant pour que lui-même, devenu jaloux de leur bonne entente, ne songe pas à troubler leur bonheur, à la faveur d'une promenade en mer qu'ils ont mise à leur programme pour le jour même.

Survient cependant Done Elvire : première de ces trouble-fête qui ne cesseront de se mettre en travers de ses entreprises, sans parvenir à le corriger. À son tour, dans cette troisième scène, Elvire prononce une assez longue tirade pour évoquer l'état où l'a mise le départ inopiné de son mari. D'abord elle a refusé de se croire trahie. Mais devant la prolongation de son absence elle s'est mise en quête de lui pour lui demander de s'expliquer. Mais il se dérobe et la ren-

voie à Sganarelle qui, bien embarrassé, n'ose lui révé-
ler la vérité, mais ne trouve rien à dire pour la
masquer. Elle se serait pourtant contentée de la première excuse venue : n'importe quoi, plutôt que cette
réticence non moins blessante que révélatrice. Mis au
pied du mur, Dom Juan se résout à reconnaître qu'il
ne l'aime plus. Mais plutôt que d'en avouer le vrai
motif, il préfère invoquer de prétendus scrupules religieux : prélude lointain à sa feinte conversion du dernier acte. Done Elvire, naturellement, ne donne pas
dans ce panneau grossier. Désormais fixée et furieuse
de se savoir jouée, son premier mouvement la pousse
à vouloir se venger. L'exposition peut sembler terminée, l'action engagée. Mais *Le Festin de pierre*
comporte un deuxième fil, indépendant de celui qui
concerne Done Elvire : du Commandeur tué par
Dom Juan, il n'est encore parlé que par le biais du
titre, devenu par la suite sous-titre, que porte la
pièce, puis d'une brève allusion à la scène 2 de
l'acte I.

Au deuxième acte, changement de décor : la scène
se passe au bord de la mer, non plus dans un palais,
mais parmi des paysans. L'épisode qui lui sert de
sujet, plus mouvementé, ne comporte encore, cependant, que cinq scènes. L'enlèvement projeté par Dom
Juan vient d'échouer. Le naufrage de la « petite barque » où Sganarelle et son maître avaient pris place,
avec, semble-t-il, deux bateliers, s'est produit dans
l'intervalle entre cet acte et le précédent. L'embarca-
tion a chaviré, par suite d'un coup de vent. Le sauvetage, dans certaines versions antérieures, se déroulait
dans le cours même de l'action, sous les yeux du spectateur. Il est ici raconté par l'un des paysans à qui
maître et serviteur doivent la vie, Pierrot, qui met
plaisamment Charlotte, sa promise, au courant de ce
qui s'est passé, dans un jargon calqué pour une large

part sur le langage rustique prêté par Cyrano de Bergerac au villageois Gareau, personnage de son *Pédant joué*.

Le narrateur s'attarde à circonstancier dans le détail le pari qu'il a gagné contre « le gros Lucas » à cette occasion, mais court la poste quand il en arrive au sujet principal de son récit. Il éveille — l'imprudent ! — l'intérêt et la curiosité de Charlotte pour le « gros, gros Monsieur » dont il décrit pièce à pièce comme il peut la toilette pour l'avoir vu rhabiller de la tête aux pieds dans ses vêtements quand ils ont été secs : second portrait du protagoniste, ou plutôt de son ébouriffant costume, comparable à celui de Philémon dans *Les Caractères* de La Bruyère plus tard. Après s'être plaint à Charlotte qu'elle témoigne trop de froideur à son égard, il s'éloigne pour aller boire un coup afin de se remettre, moins du sauvetage que de son récit, bien propre à lui donner soif !

Dès qu'il est parti, surgissent Dom Juan et son valet. L'incorrigible séducteur a déjà remarqué Mathurine, autre paysanne, et jeté sur elle aussitôt son dévolu, mais cela ne l'empêche nullement d'estimer Charlotte aussi digne de son attention. Elle se laisse examiner, mais comme elle demeure défiante, il use de son argument habituel et lui promet de l'épouser, bien qu'il vienne d'en donner aussi sa parole à Mathurine.

Pierrot, revenu, manifeste sa jalousie, sans autre résultat que de s'attirer quelques soufflets que lui donne Dom Juan, et dont le dernier est reçu par Sganarelle, quand il tente de s'interposer : la comédie, pour un instant, tourne à la farce.

L'arrivée de Mathurine met Dom Juan dans une position délicate : situation que Molière a pu trouver, en 1661, dans *L'Inconstance punie* de Dorimon, où l'on voyait un libertin, portant le nom d'Hilas, et non moins volage que son homonyme dans *L'Astrée* d'Honoré d'Urfé, simultanément aux prises avec deux maîtresses qu'il courtisait à l'insu l'une de l'autre, mais qui ne se tirait pas de ce pas délicat avec la même aisance que Dom Juan dans la pièce de Molière. À la chorégraphie burlesque des coups, dans la scène précédente, ici succède un ballet de paroles, étourdissant de virtuosité.

Sganarelle, essayant de mettre à profit une fausse sortie de son maître, s'efforce bien d'ouvrir les yeux aux pauvres filles dupées par le séducteur : peine perdue, car celui-ci revient, obligeant son valet, par sa seule présence, à changer complètement le sens de son discours et rétracter promptement ses propos. La courte scène qui termine cet acte clôt l'épisode en même temps qu'elle relance l'action : le spadassin La Ramée avertit le ravisseur d'Elvire qu'on le recherche et qu'il doit fuir pour échapper à ses poursuivants. Dans plusieurs des versions antérieures, le maître et son serviteur prenaient les vêtements l'un de l'autre, pour mieux donner le change aux douze cavaliers galopant à leurs trousses. Ici, Sganarelle en décline l'offre : il estime le troc trop dangereux pour lui.

Quand on les retrouve au troisième acte, Dom Juan porte « un habit de campagne » (comme Done Elvire au premier acte), et son valet la robe d'un médecin. Ils traversent à présent une forêt, non sans tromper par la conversation la monotonie du chemin : d'avance et de loin, jamais ils ne ressembleront davantage au couple de personnages dont Diderot évoque l'errante chevauchée dans *Jacques le fataliste*. Ils parlent d'abord médecine puisque s'en présente l'occasion. Dom Juan nie son efficacité. Son scepticisme navre Sganarelle et le ramène à leur sempiternel débat au sujet de la religion. À défaut de remontrances, qui déplaisent au maître, la dispute reste permise au valet. Fort de l'esprit que lui donne son habit de médecin, il se place sur le terrain de la controverse. Il s'institue, avant que n'aient paru les *Pensées* de Pascal, apologiste de la foi contre un libertin particulièrement difficile à convertir. Encore un athée militant peut-il donner prise sur lui. Mais un indifférent, comment l'atteindre ? La maladresse d'un lourdaud tel que Sganarelle ne peut que le confirmer dans son attitude. Il s'engage pourtant dans une ambitieuse démonstration fondée sur les merveilles de la création, tant dans l'immensité de l'univers que dans la constitution du corps humain : sorte de variation moliéresque sur la méditation pascalienne, encore inédite à l'époque sur les deux infinis, mais qui semble, d'avance, la parodier, parce que s'y risque l'esprit simple d'un ignorant qui, faute de s'en tenir aux « opinions du peuple », ne parvient qu'à peine à s'élever jusqu'au rang des « demi-habiles ». Il suffit à son auditeur de s'enfermer dans un silence ironique et dédaigneux pour qu'il se désarçonne. Une chute ridicule concrétise sa défaite dans le débat : ses arguments n'ont pas convaincu ni même ébranlé l'incroyant. Du moins a-t-il déplacé l'accent d'une comédie qui, sauf par d'assez brèves échappées, avait exclusivement porté jusqu'alors sur l'inconstance amoureuse du principal personnage et qui s'apprête à basculer de l'amour à la mort, de plus en plus imminente et menaçante désormais, ainsi que de son versant plus riant à son côté plus sérieux et plus sombre.

La scène du pauvre, qui s'intercale ici, ne se rattache à l'intrigue que par un fil ténu : elle sert seulement à remettre les voyageurs égarés dans le bon chemin, ainsi qu'à les avertir que l'endroit est propice aux mauvaises rencontres : préparation à la suite de l'acte. Mais elle marque, par sa place médiane, le point de passage entre l'ordre de la concupiscence et celui de la charité, comme la ligne de partage entre les voluptés charnelles et l'ascèse spirituelle. L'éclairage de la pièce change. Il s'assombrit. Ensoleillé par le miroitement de la mer à l'acte précédent, il tend à s'enténébrer à la fois par la pénombre du sous-bois et par l'insensible approche d'on ne sait quel crépuscule. Cette nature-là n'apparaît pas encore comme un temple, ainsi que dans le sonnet baudelairien des *Correspondances*. Mais elle contient un tombeau qui suffit à la sacraliser et la muer en cette sylve obscure que l'*homo viator* doit traverser dans son pèlerinage initiatique sur cette terre, avant de pouvoir entrer dans les voies de la sainteté.

Dom Juan n'en prend pas la direction, qui met le pauvre à l'épreuve et le presse de blasphémer, sans d'ailleurs y parvenir, et qui, beau joueur, admet par son aumône qu'il a perdu son pari, sans qu'il se sente le moins du monde ébranlé dans ses convictions : manière de version moliéresque du pari pascalien, encore inédit à cette date, dans laquelle sont préférés par le libertin les plaisirs transitoires de ce monde, plutôt que l'espérance incertaine d'une béatitude infinie, « tant en prix qu'en durée », pour parler cette fois comme La Fontaine dans *Le Songe d'un habitant du Mogol*, mais problématique.

Après cet intermède qui marque le sommet de l'œuvre, mais qui représente aussi le passage le plus susceptible d'attirer les foudres de la censure et les critiques du parti dévot, l'action reprend son cours. Le premier fil de la pièce n'est pas rompu : les frères de Done Elvire battent le pays, à la recherche de son ravisseur. L'un d'eux s'égare, est attaqué par un trio de brigands qui commencent par tuer sous lui son cheval et s'apprêtent à le tuer pour le détrousser. Sganarelle prudemment se met à l'abri, mais son maître disperse les assaillants, et, par son intervention, sauve la vie de leur victime, qui lui manifeste sa reconnaissance et ne soupçonnerait nullement qu'il se trouve en présence de celui qu'il traque, si ne survenait son frère, qui s'étonne de le trouver en train de converser avec leur pire ennemi. Dilemme, quasi cornélien : faut-il sacrifier à la vengeance immédiate, dont on tient l'occasion, les dettes de la gratitude envers un bienfaiteur sans lequel on aurait péri ? Dom Alonse le pense (parce que l'aîné, donc le plus sage ? ou parce que le cadet, donc le plus bouillant ? la pièce ne précise pas ce point). En revanche, Dom Carlos, l'obligé de Dom Juan s'y refuse, non qu'il renonce à lui demander réparation de son atteinte à l'honneur familial, mais pour s'acquitter envers son courageux défenseur, lui laissant un délai de quelques heures avant qu'il ne choisisse de régulariser son union, jusque-là secrète, avec Done Elvire ou de se battre en duel avec lui. La comédie, un peu redescendue des hauteurs où l'avait élevée la scène du pauvre, s'arrête un moment à l'étage de la tragi-comédie et renoue avec un théâtre sérieux, fertile en péripéties de cape et d'épée.

Mais à ce premier fil de l'intrigue s'en entrelace dorénavant un second : occulté complètement par Done Elvire, hormis une fugitive mention à la deuxième scène de l'acte I, le Commandeur n'avait pas encore paru. Mais voilà que, dans le cours même de l'acte central, disparaît la forêt, cédant la place à l'intérieur du mausolée, où trône sa statue en empereur romain : faste posthume dont l'impie ne manque pas de se railler avec dédain. Ce changement de décor, hautement significatif, relègue Éros au second plan et symbolise l'entrée en scène de Thanatos, qui va de plus en plus l'éclipser. Dom Juan se perdra par son entêtement à refuser d'en prendre conscience et d'en tirer la leçon. Loin de craindre le trépas, il se croit capable d'en soutenir la vue sans trembler, brave la mort et la défie en la personne du Commandeur, qu'il invite à souper d'abord par le truchement de Sganarelle, bien moins rassuré que lui, puis, quand son valet lui rapporte que la statue a baissé la tête en signe d'acquiescement, incrédule et voulant en avoir le cœur net, de sa propre bouche. Un bref instant décontenancé par ce prodige d'un marbre qui s'anime et semble vivant, très vite, il se reprend et refuse de s'incliner devant le surnaturel.

Le repas chez Dom Juan prend place à l'acte IV. Mais il n'en occupe que la huitième et dernière scène qui demeure très brève : impossible d'éluder ce « festin de pierre », mais, manifestement, le défilé de fâcheux qui le précède importe à Molière bien davantage. Dom Juan paraît troublé plus qu'il n'en convient par le souvenir de ce qu'il a vu dans le tombeau du Commandeur. Il se montre avec son domestique, dont il ne supporte plus les sempiternelles remontrances, vaguement inquiet, nerveux, irritable plus qu'à l'ordinaire et moins flegmatique, pressé de se mettre à table, peut-être par appréhension que n'arrive son macabre invité.

Loin cependant d'éconduire Monsieur Dimanche, son tailleur, qui l'attend dans l'antichambre, il accepte de le recevoir, pour se débarrasser sans bourse délier de ce créancier importun. Sa tactique consiste à le combler d'amabilités et de prévenances avec trop de volubilité pour qu'il puisse jamais exposer le but de sa visite, et de le mettre dehors avec tant d'égards qu'il se retrouve expulsé avant d'avoir exposé le motif de sa démarche et réclamé son dû. Le valet imite le maître avec moins de désinvolture élégante et plus de maladroite brutalité. L'épisode, seul apport entièrement personnel de Molière à sa donnée, peut paraître une addition plaisante, mais gratuite, un ornement surajouté. Cependant, outre qu'il dénonçait un comportement fréquent chez la noblesse de son temps, il chargeait la conscience de Dom Juan d'un péché supplémentaire, avec lequel ne badinait pas l'Église. Laisser à la mort un passif derrière soi compromettait sérieusement les chances de salut. La Fontaine, sur le tard, le rappelle : « Il faut payer ses dettes » avant de s'en aller dans l'autre monde, sous peine de mourir comme Pellisson, qui n'avait pas pris la précaution d'éponger les siennes. Sganarelle sera frustré de ses gages : punition juste dès lors qu'il ne payait pas non plus son tailleur...

Se présente ensuite le père de Dom Juan qui, dans une longue tirade, reproche à son fils les écarts de sa conduite, le sermonne en termes énergiques, l'accuse de déshonorer sa lignée et le menace de sévir contre lui : toutes admonestations qui restent sans effet.

Puis Done Elvire, pénitente et revenue de ses égarements, résolue à finir sa vie dans les austérités de la retraite et de la piété, mais assez attachée à son séducteur pour s'inquiéter de son salut, l'adjure de ne pas attendre pour venir lui-même à résipiscence. Mais sa pathétique supplication ne l'émeut pas. Triple assaut subtilement gradué, mais sans aucun succès : Dom Juan est si peu touché par sa pressante prière qu'il éprouve pour elle une vague et perverse attirance à l'état d'indécise velléité.

Le Commandeur tarde à venir. Dom Juan ne l'attend plus. Son appréhension s'est dissipée : peu s'en faut qu'il ne pense plus à l'invitation qu'il a formulée. Il plaisante son valet. Quand la statue frappe à la porte et paraît, il a récupéré toute son assurance, avec laquelle contraste le manque d'entrain et la mauvaise volonté de Sganarelle. Lorsque l'invité propose de rendre la politesse, le maître de maison accepte sans hésiter, mais son domestique témoigne une vive répugnance à l'accompagner.

L'impie a déjà signé sa damnation. Cependant il ne sera foudroyé qu'à la dernière scène de l'acte V : cette fin abrupte et rapide saisit d'autant plus qu'elle est évoquée avec la plus extrême sobriété dans le texte, sinon dans la mise en scène, qui se veut un peu plus spectaculaire, mais sans excès. Le dénouement tombe comme, plus tard, descendra le couperet d'une guillotine. Un court commentaire de Sganarelle développe brièvement l'idée que justice est faite dans une brève récapitulation des crimes dont son maître s'est rendu coupable.

Mais auparavant a pris place une ultime péripétie. Pour échapper ici-bas à la justice humaine, il ne reste à Dom Juan, dont la vie, comme celle de Tartuffe « n'est qu'un long tissu d'actions toutes noires », que la ressource de feindre une conversion seule capable de le soustraire à la vindicte de ses victimes. Il en joue la comédie devant son père, qui s'en réjouit et lui tend les bras en signe de pardon et de réconciliation. Sganarelle croit voir ses remontrances enfin couronnées de succès, mais Dom Juan le détrompe et lui confie qu'il n'est changé qu'en apparence. Dans une longue tirade, formant un peu l'équivalent de ce qu'on appelait la parabase dans la comédie ancienne au temps d'Aristophane, l'auteur du *Tartuffe* se lance par l'intermédiaire de son personnage, dans un éloge paradoxal de l'hypocrisie, à lire comme une satire implacable de l'hypocrisie dévote. Sganarelle, consterné de voir son maître opter pour l'imposture, ne peut plus se retenir de déverser ce qu'il garde depuis longtemps sur le cœur et tente un dernier effort pour éveiller en lui, sinon le repentir de ses fautes, du moins la crainte de mourir sans en être absous. Mais plus il s'évertue, et plus il s'embarrasse dans une concaténation de proverbes triviaux, de lieux communs et de propos incohérents.

Restait encore à ne pas laisser en suspens le contentieux entre les frères de Done Elvire et Dom Juan. Sommé de choisir entre accepter de remplir envers leur sœur ses devoirs d'époux ou se battre en duel, il n'y voit qu'une occasion d'étrenner le rôle qu'il a choisi de se donner : il invoque des motifs de conscience pour se dérober à ses obligations maritales et n'accepte de croiser l'épée avec Dom Carlos qu'à la condition qu'on puisse croire qu'il n'a dégainé qu'en légitime défense contre un agresseur que, dès lors, la direction d'intention chère aux casuistes laxistes lui permettrait de tuer en toute bonne conscience. Sganarelle s'indigne d'une telle duplicité quand un spectre voilé qui se métamorphose en allégorie du Temps apparaît pour avertir Dom Juan que l'heure du châtiment approche. Mais il reste sourd à cette voix et préfère entrer d'un pas ferme dans l'au-delà, continuant jusqu'au dernier instant à n'y pas croire, mais où l'attend la damnation. Son destin achève de se jouer. Ainsi se clôt la plus tragique des comédies, en même temps que la plus fascinante par sa dimension de drame métaphysique.

Thèmes et personnages

La thématique de *Dom Juan* s'avère d'emblée vaste et variée. Elle ne comprend pas seulement les motifs obligés de la donnée, mais greffe sur eux toute une série d'échappées vers d'autres directions ou domaines qu'il vaut la peine de recenser. On s'en aperçoit d'entrée avec l'éloge inattendu que reçoit le tabac pour ses effets bénéfiques sur la sociabilité. Vient ensuite une série de détails vestimentaires sur les costumes de Dom Juan, tels que les décrivent Sganarelle, puis Pierrot, qui trouvent leur prolongement dans le motif des dépenses qu'ils entraînent à la scène où paraît le tailleur, Monsieur Dimanche. Ce que porte Done Elvire n'est pas oublié, mais plus sobrement évoqué : sa passion l'occupe d'abord trop pour qu'elle songe à la coquetterie : elle paraît dans un habit de campagne, auquel correspond celui que portera Dom Juan au troisième acte. La robe de médecin sous laquelle se dissimule Sganarelle vaut au spectateur quelques plaisanteries de Molière.

Le récit de Pierrot nous introduit chez les paysans et propose une évocation plaisamment caricaturale de leurs jeux, de leurs mœurs, de leur mentalité fruste, mais moins pervertie que celle de la noblesse. Le travesti du valet met un moment sur le tapis le chapitre de la médecine et de son inefficacité. Plus loin prend place une attaque par des bandits de grand chemin, suivie sans transition par un débat sur le point d'honneur et les duels qui se poursuit sous une autre forme au dernier acte. Autour des personnages principaux gravite une domesticité qu'on devine plus nombreuse et pour une part plus patibulaire que ce que nous en voyons sur la scène, avec le spadassin La Ramée et surtout La Violette et Ragotin, les laquais, ainsi qu'une « suite » indéterminée qui sert à table dans le cours de l'acte IV.

Mais il va sans dire que l'intérêt se concentre sur deux domaines, l'amour, puisque Dom Juan représente le type du séducteur, et la religion, puisqu'il se pose en impie. Pour ce qui regarde le premier des deux, la liaison du protagoniste avec Elvire passe par toutes les phases d'une aventure amoureuse et contient assez de matière pour un roman complet. La transposition du théâtre à la fiction romanesque mériterait d'être tentée, à titre d'expérience qui se révélerait instructive : il suffirait presque au surplus de détacher les principales tirades, sur ce thème, de Dom Juan ou d'Elvire, pour en tirer, moyennant un minimum d'aménagements, mais sans modifications importantes, les matériaux de ce qu'allaient revêtir comme forme, peu d'années après, l'histoire (fictive) de la religieuse portugaise, écrite par Guilleragues, puis, vers la fin du siècle suivant, *La Nouvelle Héloïse* de Jean-Jacques Rousseau, mais mieux encore, *Les Liaisons dangereuses* de Laclos : un roman par lettres.

Suivons-en rapidement les étapes : une conquête particulièrement difficile, ayant exigé d'ailleurs, selon l'écuyer d'Elvire, toute une correspondance brûlante de passion, outre une cour pressante, assaisonnée de vœux, de soupirs, de larmes, de serments, bref de toutes les ressources de la stratégie galante, érigée en système par Dom Juan, qui se met en œuvre dans le monde précieux. Ensuite un enlèvement, perpétré jusque dans l'enceinte d'un couvent, et qui préfigure, avec une issue moins funèbre, celui, chez Balzac, de la duchesse de Langeais par Montriveau ; un mariage selon toute vraisemblance secret, dit « de conscience » ou « par paroles de présent », quand il se conclut sans le consentement de la famille, et bientôt l'abandon de la jeune mariée par son inconstant époux, qui s'éloigne d'elle subrepticement. Lasse de l'attendre en vain, elle se lance à sa poursuite, le rejoint, en est reçue froidement ; ulcérée, elle veut d'abord se venger, avant de regretter sa faute, de s'en repentir et, ne brûlant plus que d'une flamme épurée, de ne plus désirer que ramener, par son exemple, l'infidèle dans la voie de son salut.

Avec cette tragique et touchante histoire d'un attachement coupable, mais racheté par sa sublimation, contraste l'idylle, à peine ébauchée avant de tourner court, entre Dom Juan et les deux paysannes, Mathurine, rencontrée la première, puis Charlotte, vite fascinées par la prestance du gentilhomme, honnêtes mais naïves, proies faciles à duper par la promesse d'un mariage avec elles. À cela s'ajoute, mais en coulisse, la tentative manquée d'arracher par la force une jeune fiancée à son futur époux. Des mille et trois victimes que la tradition prête à ce bourreau des cœurs, trois seulement nous sont montrées, prises l'une au plus haut de la hiérarchie sociale, et les deux

autres au plus bas degré de la même échelle, une quatrième, simplement évoquée, reste invisible. Le reste
se perd dans la masse indifférenciée des dames,
demoiselles ou bourgeoises séduites ou mises à mal
par l'épouseur à toutes mains. Mais cette économie
toute classique de moyens suffit pour que, d'un côté,
l'on s'élève à l'amour spiritualisé, devenu platonique
et qui se transcende en charité mystique, alors que,
de l'autre, on s'abaisse jusqu'à la satisfaction grossière
et brutale d'une insatiable sensualité : l'on peut ainsi
mesurer l'étendue de la gamme parcourue par Dom
Juan, sans que jamais soit outrageusement heurtée la
bienséance.

Il n'en va pas différemment, *mutatis mutandis*, pour
la religion. À la foi du charbonnier poussée jusqu'à la
superstition naïve chez Sganarelle, s'oppose l'incroyance tranquille de son maître, assez cynique pour
finir par prendre le masque de la fausse dévotion.
Même quand il passe en revue les avantages de l'hypocrisie, il se plaît à parler du masque sous lequel il
s'apprête à se dissimuler et du rôle nouveau qu'il se
propose de tenir, plutôt qu'il ne livre le fond de sa
pensée. Il reste non moins énigmatique, pour le spectateur, que Tartuffe, mais on devine en lui l'obscur
tourment d'une inquiétude dont son devancier, plus
épais, demeurait entièrement dépourvu. À Dieu seul
de sonder les reins et les cœurs. La grâce efficace, de
toute évidence, lui manque, dès lors qu'il refuse
même la grâce suffisante. Il mérite, moins par ses
crimes que par cet endurcissement, sa damnation,
qu'il n'a pas seulement acceptée, mais délibérément
choisie. À cette opposition de la foi poussée jusqu'à
la crédulité pour Sganarelle, et niée jusqu'à l'incroyance par Dom Juan, s'en superpose une autre,
entre le credo, solide mais trop mêlé de considéra-
tions mondaines ou d'ambitions profanes, d'un noble
bien en cour comme Dom Louis, plus soucieux de

voir son sang ne pas dégénérer que préoccupé par le salut de son fils, et le mysticisme de Done Elvire, qui pleure sur sa faiblesse, à l'instar de Madeleine, la pécheresse repentie de la Sainte-Baume, et chez qui la passion se sublime, douloureusement, en charité pure, parce qu'elle sait que finalement tout peut devenir grâce. Ces quatre figures cardinales de la pièce dessinent en filigrane comme la figure d'une croix dont maître et valet occupent l'axe vertical tandis que, transversalement, les bras sont polarisés par la piété compatible avec le monde, conformément à l'enseignement salésien de *L'Introduction à la vie dévote*, chez le père du protagoniste, et la sainteté de la retraite, apanage d'Elvire.

La distribution exige un personnel dont le monde excède celui des comédiens appartenant à la troupe. Mais certains rôles ne représentent que des utilités, dont l'intervention se réduit à quelques répliques et pouvait être tenu par des « gagistes », acteurs occasionnels choisis, comme l'explique Furetière, parmi les « portiers, décorateurs, souffleurs », voire les enfants dont les parents jouaient la comédie et qui grandissaient dans l'ombre des coulisses. Sans doute en alla-t-il ainsi pour La Violette et Ragotin (dont le nom est emprunté — hommage à Scarron ? — à son *Roman comique*), les laquais de Dom Juan. D'autres, anonymes et muets, complétaient sa suite, ou constituaient celle de ses poursuivants, les frères d'Elvire, et ne consistaient qu'en de simples figurants. Quelques personnages n'apparaissent que dans une seule scène, ou dans un seul acte : ainsi Gusman, l'écuyer d'Elvire, qui ne paraît qu'au début pour l'exposition, le spadassin La Ramée, le Pauvre, Dom Alonse, frère de Dom Carlos, à la recherche du ravisseur d'Elvire, Monsieur Dimanche, le marchand tailleur, enfin, la surnaturelle et double apparition allégorique d'un « Spectre » de « femme voilée », qui ne prononce qu'une seule réplique, peut-être dite, en coulisse par la voix d'Elvire et qui se change en figure du « Temps avec sa faux dans la main » avant de s'envoler dans les cintres.

Personnages secondaires encore, mais plus indispensables à l'action et paraissant à deux reprises, dans des actes différents, Dom Carlos, autre frère de Done Elvire et qui, pour avoir été secouru par Dom Juan, diffère, mais ne renonce nullement à lui demander raison de son offense à sa famille, et Dom Louis, préfiguration des « pères nobles » à venir, sévère pour les fautes de son fils, mais vite attendri par son simulacre de conversion. Elvire, mieux partagée que lui, n'intervient pourtant non plus qu'à deux endroits de la pièce. La statue robot du Commandeur, d'abord muette et capable seulement de baisser la tête, puis de se mouvoir et de parler, se manifeste pour sa part, mais brièvement, dans les trois derniers actes, vers la fin de chacun.

Quant à Charlotte, Pierrot et plus accessoirement Mathurine, ils occupent la scène pendant presque tout l'acte II, qui forme à lui seul comme une seconde pièce incluse dans la première.

Reste le couple du maître et du valet, presque constamment présents et toujours ensemble, à de rares exceptions près. Ils dominent de haut tous les autres personnages. De ces derniers, impossible de dire par quels acteurs et actrices ils furent joués dans les premières représentations. Mais Sganarelle ne pouvait être interprété que par Molière qui, l'ayant imaginé, s'en réservait le monopole, et l'on a pu supposer en toute vraisemblance que La Grange incarnait Dom Juan. Les costumes du maître sont assez connus par ce qu'on en dit dans le cours de la pièce, ou par une rapide indication scénique à l'acte III. On sait, par l'inventaire dressé, quand Molière fut mort, de sa garde-robe, que le valet portait « un jupon de satin aurore, une camisole à parements d'or, un pour-point de satin à fleurs ». Habillement trop fastueux pour un domestique ? Mais il se montre attentif aux détails vestimentaires et se fournit chez le même tail-leur que son maître.

Rochemont, dans ses *Observations sur « Le Festin de pierre »*, pour les besoins de sa cause, les met tous deux dans le même sac, non sans distinguer qu'ils appartiennent à deux catégories distinctes d'impiété. Mais il refuse de voir que, de même qu'Orgon et Tar-tuffe précédemment et par la suite Alceste et Philinte dans *Le Misanthrope*, ils sont unis surtout par ce qui les oppose et ne se supportent que par leurs antago-nismes suivant ce que Stendhal appelle son « principe de Moscou », pour en avoir pris conscience dans cette ville pendant la campagne de Russie, et qui veut que, dans une comédie, il faille des personnages assez contrastés pour se servir l'un à l'autre de repoussoir et se mettre mutuellement en valeur. Ils existent soli-dairement, et le désarroi du valet, ici, quand il demeure seul, alors qu'il envoyait lui-même, vers le début de la pièce, son maître à tous les diables, montre on ne peut mieux qu'il ne peut plus vivre sans lui.

Mais il en résulte que, selon que l'on privilégie l'un ou l'autre, la pièce apparaîtra, soit une tragédie exem-plaire, si l'on considère Dom Juan comme la figure dominante, conformément à la tradition espagnole du mythe et ses versions les plus anciennes, ou comme une farce bouffonne, si l'on préfère mettre l'accent sur le valet, suivant les altérations subies par la légende en Italie, tant dans la *commedia dell'arte* que dans le genre plus sérieux de la *comedia sostenuta*, où s'aggrave la scélératesse du protagoniste. De là découle que, si tous les autres personnages semblent parfaitement transparents et déchiffrables, Dom Juan lui-même sans conteste les surplombe, en raison du mystère dans lequel sa personnalité ne cesse de rester enveloppée. Profondeur trompeuse, peut-être, épaisseur factice : derrière l'attitude et le masque, il se peut qu'on ne découvre qu'une décevante médiocrité, voire le vide. Mais comment le percer à jour ? Perpétuellement sur ses gardes, à la moindre alerte il se dérobe et fascinerait moins s'il ne protégeait son statut de vivante énigme. Il incarne moins, chez Molière, le Dom Juan de ses devanciers qu'il ne semble en tenir le rôle, avec une affectation de froideur et d'impassibilité qui témoignent qu'il entend prendre ses distances avec lui-même. Il est constamment comme détaché, blasé même en amour, où toutes ses conquêtes le rassasient si vite qu'il se condamne à toujours en poursuivre de nouvelles. Il se donne à lui-même le change, quand il se grise de son inconstance perpétuelle : on dirait qu'il se plaît à forcer le ton et son dithyrambe en faveur de la légèreté finit par sonner un peu faux et rejoindre, avec une élégance tout autrement racée, la ridicule préciosité d'un Mascarille, ou du moins la galanterie d'un petit-maître.

Il en impose pourtant, par son mystère, jusqu'à ce qu'il s'abaisse à ne pas dédaigner l'imposture de la fausse dévotion, qui le dégrade. Mais il croit au fond si faiblement à l'efficacité de ce subterfuge, qu'il vend d'avance la mèche avec une imprudence dont on peut supposer que Tartuffe devait se garder même devant « son Laurent ».

Face à cet être de fuite, Sganarelle, Dom Louis, Elvire et même la statue du Commandeur, ne se trouvent guère sur son chemin que pour mettre à l'épreuve et tester sa force de résistance ou sa capacité de négation, le premier à titre moins de domestique ordinaire que de gouverneur et, comme tel, chargé de diriger la conscience d'un jeune écervelé, le deuxième en tant que père dont les remontrances ne peuvent que glisser sur un tel fils et l'impatienter, l'avant-

dernière en qualité d'amante dont ne le touchent
guère ni les invectives, ni les pathétiques adjurations
et le quatrième qui, loin de l'épouvanter ni même de
l'ébranler, ne réussit qu'à renforcer en lui l'obstination dans le refus de croire et son empressement à
relever, par bravade, tous les défis.

Personnalité fortement cohérente, mais assez
ambiguë et complexe pour autoriser aussi bien une
sympathie presque complice que le blâme, le mépris
ou la répulsion de ceux qui veulent ne voir en lui que
l'incarnation du vice et de la perversité, la figure
inquiétante et satanique de la révolte contre toutes les
velléités de croyance religieuse. Molière, ici plus que
dans *Le Tartuffe*, place très haut le débat. Mais rien,
dans *Dom Juan*, d'une pièce à thèse. Son auteur laisse
aux sermonnaires le soin de prêcher la morale chrétienne. Il ne prend pas position, du moins ouverte-
ment. Ses détracteurs lui répètent assez que le théâtre
ne s'y prête pas ! Mais, inconséquents avec eux-
mêmes, ils regrettent cette neutralité qui les choque
et la lui reprochent. La pièce donne à réfléchir sur
des sujets élevés et graves. Cela ne devait-il pas leur
suffire ?

Dramaturgie

Envisagée comme une pièce de théâtre, *Dom Juan*
prend figure, dans l'œuvre de Molière, de compo-
sante impossible à classer en un genre déterminé,
mais possédant son génie propre, d'élément non aber-
rant, mais erratique, comparable à ce que représente
chez Corneille l'« étrange monstre » de son *Illusion
comique*. Les analogies ne manquent pas : mélange du
merveilleux et du réalisme, du comique poussé jusqu'à la charge et du sérieux assombri jusqu'à l'apparence de la tragédie. On trouve des points communs

dans l'intrigue : un jeune gentilhomme en dissentiment avec son père à cause d'une jeunesse dissolue, libertin émancipé de la tutelle familiale dont il a secoué le joug pour courir des aventures mêlées de galanteries, et qui peut paraître inconstant dans ses amours.

Mais, chez Corneille, comédie, tragi-comédie et drame, juxtaposés, se succèdent. La magie ne sert que de cadre et l'on découvre à la fin qu'elle se réduit à celle du spectacle théâtral, alors que, chez Molière, tous les tons se confondent les uns dans les autres, sans compromettre l'unité de l'ensemble, avec une plus libre et plus audacieuse virtuosité. Tour de force ou d'adresse dans les deux cas, mais de ceux qu'on ne recommence pas. À Corneille le triptyque aux volets constrastés. À Molière la fresque brossée, non certes avec autant de hâte qu'on a voulu longtemps le penser, mais d'une main assez sûre pour se passer de retouches.

Confrontée aux modèles dont elle s'inspire, la comédie de Molière marque en revanche un progrès vers plus de régularité. L'on y constate une triple tendance à concentrer l'action dans l'espace et dans le temps, ainsi qu'à réduire sa prolifération anarchique à plus d'économie, de manière à ne garder de la donnée que les lignes essentielles. Dorimon et de Villiers restaient encore proches de l'esthétique irrégulière héritée de la tragi-comédie : le sujet, par sa nature même, et tel qu'ils le trouvaient dans les modèles étrangers, d'origine surtout italienne, leur semblait impossible à traiter autrement. On sent au contraire, dans la version de Molière, qui pourtant les suit de près, un souci plus constant d'ordonnance classique.

Quelle distance, à vrai dire, du *Tartuffe* à *Dom Juan*, bien que par leur commune fausse dévotion, les protagonistes puissent, dans une certaine mesure, apparaître comme des frères siamois, hypocrites, imposteurs, impudents, chacun à sa façon. Les deux œuvres se touchent, puisqu'elles ont été composées l'une immédiatement avant l'autre et correspondent à deux phases successives dans un même combat. Mais, d'un côté, le décor unique, une durée fictive proche du temps réel nécessité par la représentation, et n'excédant pas plus de douze heures, voire une seule après-midi, de même qu'une intrigue où toutes les péripéties s'enchaînent avec aisance ; aucune invraisemblance, une fois admis le crédule aveuglement d'Orgon, sauf la rapidité du retournement final qui permet l'heureuse conclusion exigée par le genre ; rien non plus d'inconvenant, même si l'on frôle par instants le scabreux ; quelques traits un peu chargés infléchissent le comique vers celui de la farce, par exemple dans la scène où le mari d'Elmire accepte de se cacher sous une table, mais sans trop forte dissonance avec le reste.

Dans *Dom Juan*, au contraire, comment éluder la multiplicité des lieux ? Comment resserrer sans invraisemblance dans l'espace d'une seule journée tant de péripéties accumulées ? Et quel moyen de transformer la contiguïté d'épisodes enchaînés fortuitement dans une continuité logique ? Tout convergeait naguère vers le foyer d'Orgon. Tout diverge à présent, dans la mesure même où le héros, déraciné, n'est devenu qu'un être de fuite qui refuse d'envisager qu'il court inévitablement vers son destin. Dès lors, plus rien de stable autour de lui, ni même en lui, sauf son obstination dans l'incrédulité.

Pourtant, alors que les *Festin de pierre* antérieurs se déplaçaient d'Italie en Espagne ou l'inverse, l'unité de lieu, toute relative, sans doute, est néanmoins assurée par la localisation en Sicile, vaste pays, mais insulaire et par là suffisamment circonscrit. Avant Molière, le cours des événements supposait une durée mal déterminée, mais assez longue. Chez lui, tout se

déroule rapidement, et, sans les vingt-quatre heures
qui séparent le souper du Commandeur chez Dom
Juan et celui du lendemain, où lui-même retourne,
invité par la Statue, au tombeau de sa victime, tout
pourrait tenir en une seule journée plus aisément que,
par exemple, dans le *Clitandre* de Corneille. Auparavant, chez les devanciers, se multipliaient les
conquêtes du séducteur, tant dans la plus haute
société que dans les milieux les plus humbles. Done
Elvire, une jeune fiancée anonyme qui ne paraît pas
sur la scène, Charlotte et Mathurine suffisent à
Molière : tout le reste des mille et trois, évoqué dans
l'exposition et rappelé tout à la fin, est rejeté dans un
passé que traîne après lui le libertin dès l'ouverture
du rideau. Plus d'enlèvement qui réussisse, ni de viols
survenus pendant le cours de la représentation : la
décence est sauve, puisque Dom Juan échoue dans
toutes ses entreprises et ses tentatives. Non qu'il ait
perdu son pouvoir de séduction. Mais toujours
quelque obstacle imprévu se met à la traverse. Le
merveilleux lui-même, obligatoire, est traité sans
complaisance, aussi fugitivement que possible expé-
dié comme par acquit de conscience. Bref Molière
classicise autant que s'y prête une donnée rétive à sa
naturalisation dans la France de ce moment-là, à
cause d'une optique théâtrale trop particulière et trop
stricte pour qu'elle s'y plie commodément.

Il avait fallu, pour y parvenir infléchir la comédie à
la fois vers la tragi-comédie romanesque où la multiplicité des lieux demeurait tolérée, et vers les pièces
à machines, dont le public se montrait friand et qui
préparaient les voies à son engouement pour l'opéra
presque déjà naissant. Est donc réalisé pour chaque
acte un décor différent, auquel s'en ajoute même,
pour la fin du troisième acte, un second : palais, mer,
forêt (puis intérieur d'un mausolée), chambre et rue.
Le merveilleux ne pouvait être éludé. Molière n'en

abuse pas : une statue animée qui parle, un spectre protéiforme vite envolé dans les airs et quelques feux de Bengale pour suggérer les flammes de l'enfer lui suffisent. L'essentiel, pour lui, reste visiblement le texte, non les artifices de la mise en scène.

Il en résulte une œuvre singulière et forte, où Molière parcourt toute la gamme de son comique, du plus bas et grossier jusqu'à l'ironie la plus fine, ne reculant ni devant le rire provoqué par les coups reçus ou donnés, ni devant les barbarismes ou solécismes du jargon parlé par les paysans, mais s'élevant aussi, du galimatias où s'empêtre Sganarelle quand il se risque dans la controverse, jusqu'au pastiche légèrement parodique de la galanterie précieuse, et devenant compatible avec la gravité quand les deux frères d'Elvire, par exemple, débattent sur le point d'honneur, avec l'éloquence quand le père de Dom Juan morigène son fils, avec le pathétique quand Done Elvire, s'adressant pour la dernière fois à son infidèle époux, l'adjure, en souvenir d'elle, de songer à son salut. Point ici de dissonance. L'auteur utilise toute l'étendue de son clavier, passant d'un registre ou d'une tonalité sans disparates ni heurts à l'autre, par des modulations non diatoniques, mais plus subtilement chromatiques, grâce à tout un jeu de dièses ou de bémols, avec autant de libre audace que de magistrale sûreté.

GLOSSAIRE DU LANGAGE PAYSAN

Acoute : écoute.
Aga : regarde
Al, alle : elle.
Amiquié : amitié.
An (l') : l'on.
Angigorniaux : machins compliqués.
Ant : ont.
Aparçu : aperçu.
Appelont : appellent (et passim).
Ardez : voyez.
Avoit : avait (et passim).
Aveuc : avec.
Avont (l') : l'ont.
Barlue : berlue.
Biau : beau.
Bian : bien.
Brichet : bréchet.
Caressiais : caressiez.
Ç'ai-je fait (ou dit) : ai-je fait (ou dit).
Ce vient : vient.
Chagraignes : chagrines.
Cheux : chez.
Chopaine : chopine.
Da matin : de ce matin.
Deguaine : dégaine.
Depis : depuis.
Dor (du) : de l'or.

Drait : droit.
Ebobi : ébaubi.
En, l'en : on, l'on.
Enjôleus : enjôleurs.
Entonnois : entonnoirs.
Envars : envers.
Eplinque : épingle.
Epoisseur : épaisseur.
Escabiau : escabeau.
Estomaque : estomac
Eune : une.
Faisiant : faisaient.
Fi, fique : foi.
Filace : filasse.
Fixiblement : nettement.
Fouas : fois.
Gli : lui.
Gliau : l'eau.
Glieu : lieu.
Gni : n'y.
Gniais : niais.
Guien : tiens.
Guieu : Dieu.
Himeur : humeur.
Honneste : honnête.
Iglia : il y a.
Igna, ignia : il n'y a.
Itou : de même.
J'ais : j'ai.
Jarni, jerni, jernigué, jerniguenne, jerniqué, jerni-
    quenne : je renie Dieu.
J'estions : nous étions (et passim).
Leu : leur.
Maine : mine.
Mar : mer.
Marciers : merciers.
Messieus : Messieurs.

Monsieu, Monsieux : Monsieur, Monsieurs.
Morqué, morquenne : Mordieu.
Nageant : nagent.
Nannain : Nenni.
Nayés : noyés.
Note : notre.
Nostre-Dinse : Notre-Dame.
Ou : vous.
Palsanqué, palsanguenne : palsambleu.
Pâque : Pâques.
Pardre, pardrois : perdre, perdrais.
Parquenne, parquienne : pardieu.
Piarrot : Pierrot.
Piquié : pitié.
Pis : puis.
Pisque : puisque.
Plain (à) : nettement.
Poyerois : payerais.
Pu : plus.
Purésie : pleurésie.
Putôt : plutôt.
Quement : comment.
Queuque : quelque.
Quien, quienne : tiens, tienne.
Quieu : Dieu.
Renvarsés : renversés.
Revians : reviens.
Reziau : réseau.
Robain : Robin.
Sant : sont.
Sarmonné : sermonné.
Sayant : soient
Servont : servent (et passim).
Ses : suis.
Si (et) : et pourtant.
Sis : suis.
Stapendant : cependant.

Su : sur.
Tanquia : toujours est-il.
Tarre : terre.
T'as, t'écoutes : tu as, tu écoutes.
Tegniez : teniez (reteniez).
Tenont : tiennent (et passim).
Testigué, testiguienne : têtedieu.
Toujou : toujours.
Usqu' : jusqu'.
Varre : verre.
Vas : vais.
Vlà : voilà.
Ventrequé, ventrequenne : ventredieu.
Vertubleu : vertu de Dieu.
Vrament : vraiment.
V's : vous.
Y a : il y a.

1622. — *15 janvier.* — Baptême à Paris de Jean-Baptiste Poquelin, fils d'un tapissier.

Avant 1625. — *El burlador da Sevilla y convidado da piedra comedia* due à Tirso de Molina (ou Claramonte), publiée en 1630 à Barcelone, mais représentée à Naples dès 1625 par une troupe espagnole.

Vers 1626. — Cicognini, *Il Convitato di pietra.*

1636-1640. — Études au collège de Clermont, à Paris.

1643. — *30 juin.* — La troupe de l'Illustre-Théâtre se constitue. Le futur Molière (il ne prendra ce pseudonyme, semble-t-il, que l'année suivante) et Madeleine Béjart signent l'acte d'association avec leurs camarades. Ils se produiront pour la première fois le 1er janvier 1644, au jeu de paume dit des Métayers, puis émigreront le 19 décembre suivant à celui de la Croix-Noire. Bientôt la compagnie périclite (Molière le 2 et le 4 août 1645, est même emprisonné pour dettes). Elle est obligée de se disperser.

1645-1658. — Molière et Madeleine Béjart jouent en province, d'abord dans la troupe dirigée par Charles Du Fresne, que patronne le duc d'Épernon, puis dans la compagnie qu'ils dirigent eux-mêmes et que protège de 1653 à 1657 le prince de Conti.

1652 ? — Giliberto, *Il Convitato di pietra*, publié à Naples, aujourd'hui perdu.

1655. — Création, à Lyon, de *L'Étourdi*.

1656. — *16 décembre.* — Création, à Béziers, de *Dépit amoureux*.

1658. — Au début de l'année, les Comédiens Italiens installés à Paris jouent un *Festin de pierre* qui remporte un grand succès.

24 octobre. — De retour à Paris, Molière et sa troupe, désormais protégée par Monsieur, frère de Louis XIV, jouent dans la salle des gardes du vieux Louvre, devant le roi, *Nicomède*, tragédie de Corneille, puis *Le Docteur amoureux*, petit divertissement composé par Molière en province, dont le succès lui vaut de partager en alternance avec les Italiens la salle du Petit-Bourbon.

En *novembre ou décembre*, création, à Lyon, du *Festin de pierre ou le fils criminel* (sous-titre remplacé en 1665 par *l'Athée foudroyé*), tragi-comédie en cinq actes et en vers composée par Dorimon (comédien appartenant à la troupe de la Grande Mademoiselle) et imprimée à Lyon en 1659.

1659. — L'Hôtel de Bourgogne, dans le cours de l'année, joue un *Festin de pierre*, autre tragi-comédie en cinq actes et en vers composé par un acteur de la troupe, Claude Deschamps, dit de Villiers.

18 novembre. — *Les Précieuses ridicules.*

1660. — *28 mai.* — *Sganarelle ou le cocu imaginaire.*

11 octobre. — Chassé sans préavis de son théâtre, qu'on va démolir, par M. de Ratabon, Molière obtient en échange la salle du Palais-Royal, où le suivent aussi les Italiens, qu'a rejoints Dominique Biancolelli, qui jouera dans le rôle d'Arlequin, avec beaucoup de succès, une autre version du *Festin de pierre*, dont nous avons conservé le scénario.

1661. — Reprise, à Paris, rue des Quatre-Vents, par la troupe de Mademoiselle, du *Festin de pierre* écrit par Dorimon.

4 février. — *Dom Garcie de Navarre.*

24 juin. — *L'École des maris.*

17 août. — *Création des Fâcheux* à Vaux-le-Vicomte, lors de la fête offerte au roi par le surintendant Foucquet.

1662. — *20 février.* — Mariage de Molière et Armande Béjart, sœur de Madeleine. Le contrat avait été signé le 23 janvier.

26 décembre. — *L'École des femmes.*

1663. — *1er juin.* — *La Critique de L'École des femmes.*
Entre le 16 et le 21 octobre. — *L'Impromptu de Versailles*, créé à Versailles.

1664. — *19 janvier.* — Naissance de Louis, fils de Molière, baptisé le 28 février. Parrain : le roi ; marraine : Henriette d'Angleterre.

29 janvier. — *Le Mariage forcé*, créé au Louvre.

30 avril-22 mai. — Molière et sa troupe séjournent à Versailles pour y participer aux « Plaisirs de l'Île enchantée ».

8 mai. — Création de *La Princesse d'Élide.*

12 mai. — Sont joués trois actes du *Tartuffe.*

3 décembre. — Molière et ses comédiens concluent marché pour les décors de *Dom Juan* avec les peintres Jean Simon et Pierre Prat.

1665. — *Dimanche 15 février.* — Création de *Dom Juan* (alors intitulé *Le Festin de pierre* et dès la veille annoncé par Loret dans sa *Muse historique*. Suivront d'autres représentations *les 17, 20, 22, 24, 27 février et les 1er, 3, 6, 8, 10, 13, 15, 17 et 20 mars*. Plus d'autre représentation avant la création de l'arrangement en vers par Thomas Corneille et jusqu'en 1841.

11 mars. — Privilège obtenu par le libraire Louis Billaine pour l'impression de « Dom Juan » (*Le Festin de pierre*) et registré *le 24 mai suivant.*

10 mai. — Permis d'imprimer obtenu par « B. A., sieur de Rochemont », pour la deuxième édition (la première et les deux suivantes n'en comportent pas, non plus qu'une contrefaçon pirate) pour ses *Observations sur une comédie de Molière intitulée « Le Festin de pierre ».*

4 août. — Baptême d'Esprit-Madeleine, fille de Molière.

9 août. — Le Gazetier Robinet dans sa *Lettre* à la duchesse de Nemours mentionne la publication, depuis *le 31 juillet,* d'une *Réponse aux Observations touchant « Le Festin de pierre » de M. de Molière* et celle, toute récente d'une *Lettre sur les Observations d'une comédie du Sieur Molière intitulée « Le Festin de pierre ».* Ces deux opuscules ont paru, sans nom d'auteur, ni privilège et sans achevé d'imprimer chez Gabriel Quinet.

14 août. — La troupe de Molière devient la Troupe du Roi au Palais-Royal et reçoit une pension de 7 000 livres.

14 septembre. — *L'Amour médecin,* créé à Versailles.

Fin décembre 1665-fin février 1666. — Molière gravement malade. Nouvelle alerte en *avril 1667.*

1666. — *4 juin.* — *Le Misanthrope.*

6 août. — *Le Médecin malgré lui.*

2 décembre. — À Saint-Germain-en-Laye, création de *Mélicerte,* dont deux actes seulement ont été composés, qui prend place dans le *Ballet des Muses* et que remplace à partir du *5 janvier 1667 La Pastorale comique,* aujourd'hui perdue.

1667. — *10 février.* — Toujours à Saint-Germain et dans le cadre du même ballet, création du *Sicilien ou l'Amour peintre.*

5 août. — Unique représentation, au Palais-Royal, de *L'Imposteur*, version remaniée du *Tartuffe*, interdit dès le lendemain.

1668. — *13 janvier.* — Création d'*Amphitryon* au Palais-Royal.
Entre le 15 et le 19 juillet. — Création de *George Dandin* à Versailles, dans le cadre du *Grand divertissement royal*.
9 septembre. — *L'Avare*, créé au Palais-Royal.

1669. — *5 février.* — Représentation publique du *Tartuffe*, enfin autorisée.
4 avril. — Achève de s'imprimer *La Gloire du Val-de-Grâce*, où Molière loue son ami, le peintre Pierre Mignard. — *Monsieur de Pourceaugnac* joué pour la première fois à Chambord.
Novembre. — Représentation, au Théâtre du Marais, d'un *Nouveau Festin de Pierre ou l'Athée foudroyé*, tragi-comédie composée par Claude de La Rose, dit Rosimond, l'un des acteurs attachés à la troupe. Le gazetier Robinet en parle brièvement dans sa *Lettre en vers* datée du 30.

1670. — *Les Amants magnifiques*, donnés pour le carnaval à Saint-Germain-en-Laye.
14 octobre. — *Le Bourgeois gentilhomme*, créé à Chambord.

1671. — *17 janvier.* — Création de *Psyché*, dans la salle des machines, aux Tuileries.
24 mai. — *Les Fourberies de Scapin*, au Palais-Royal.
2 décembre. — À Saint-Germain-en-Laye est représentée pour la première fois *La Comtesse d'Escarbagnas*, un acte composé pour servir de préambule au *Ballet des ballets*.

1672. — *11 mars.* — *Les Femmes savantes* au Palais-Royal.
1er octobre. — Baptême de Pierre-Jean-Baptiste-

Armand, fils de Molière. Le nouveau-né sera mis en terre le 12 du même mois.

1673. — *10 février*. — *Le Malade imaginaire*, au Palais-Royal.

17 février. — Quatrième représentation du *Malade imaginaire*. Molière, qui tient le rôle d'Argan, pris en scène d'un malaise, meurt à son domicile, rue de Richelieu, dans l'heure qui suit. Le curé de Saint-Eustache, sa paroisse, lui refuse la sépulture en terre chrétienne. Sur une intervention d'Armande à Versailles auprès de Louis XIV, Molière est inhumé de nuit, sans aucune pompe ni service funèbre, au cimetière Saint-Joseph.

1682. — *30 juin*. — Achèvent de s'imprimer *Les Œuvres de Monsieur de Molière*, revues, corrigées et augmentées, en six volumes, édition établie par La Grange et Vivot, précédée d'une importante Préface. Le privilège avait été pris le *15 février 1680* quelques mois avant que ne fût fondée la Comédie-Française.

31 octobre suivant. Cette édition s'augmentera de deux nouveaux tomes comprenant les œuvres posthumes. *Dom Juan* se trouve dans le premier de ces nouveaux volumes. Il n'avait encore jamais été imprimé précédemment. Il conservera désormais le titre qu'il porte ici pour la première fois. On avait d'avance, par précaution, adouci le texte, mais cela ne désarma pas la censure. Les modifications qu'elle avait imposées aggravèrent le mal et ne contribuèrent qu'à défigurer un peu davantage la comédie de Molière.

1683. — Publication par Henri Wetstein, libraire d'Amsterdam, d'une édition offrant de la pièce un texte assez différent, non expurgé par les éditeurs et les censeurs français et qu'on peut considérer comme plus proche de l'état où, lors de sa création,

elle avait été jouée et dans lequel elle avait été lais-
sée par Molière. On lui doit surtout la restitution
de la scène avec le pauvre dans son intégralité.
Cependant l'origine du manuscrit sur lequel elle est
établie reste incertaine et mal connue : elle perd de
ce fait quelque peu de l'autorité qu'elle s'est acquise
de nos jours.

BIBLIOGRAPHIE

Le lieu d'édition, sauf indication contraire, est toujours Paris. Pour les ouvrages et articles anciens, se reporter à :

CIORANESCU, Alexandre, *Bibliographie de la Littérature française du XVIIe siècle*, t. II, Éditions du Centre national de la recherche scientifique, 1966.

Éditions

Pour les éditions les plus anciennes, voir :

GUIBERT, A.-J., *Bibliographie des œuvres de Molière publiées au XVIIe siècle*, 2 vol., C.N.R.S., 1961, ainsi que ses deux *Suppléments* (1965 et 1973).

L'édition la plus complète actuellement disponible est celle qu'a procurée Georges COUTON à la Bibliothèque de la Pléiade en 2 vol. :

MOLIÈRE, *Œuvres complètes*, Gallimard, 1971 (revue et mise à jour en 1976).

Depuis a paru l'édition du *Théâtre complet* procurée par Pierre MALANDAIN en deux volumes (Imprimerie Nationale, collection « La Salamandre », 1997).

Mais on peut encore consulter avec profit l'édition Eugène DESPOIS et Paul MESNARD des *Œuvres de Molière*, en 11 vol., dans la collection des « Grands Écrivains de la France » (Hachette, 1873-1893).

Pour *Dom Juan,* bornons-nous à signaler l'édition critique établie par Joan DEJEAN, du texte édité par Henri Wetstein en 1683. Ce volume, publié chez Droz, à Genève, en 1999, dans la collection des « Textes littéraires français » fournit un précieux instrument de travail qui facilite l'indispensable confrontation entre cette version de la pièce et celle, censurée, de l'édition française parue un an plus tôt.

Ouvrages sur Molière

ALBANESE, Ralph, *Le Dynamisme de la peur chez Molière : une étude socio-culturelle de « Dom Juan », « Tartuffe » et « L'École des femmes »,* University of Mississippi, Romance Monographs Inc., 1976.

ALBANESE, Ralph, *Molière à l'école républicaine [...] 1870-1914,* Saratoga, Californie, Anma libri, 1992.

BRAY, René, *Molière, homme de théâtre,* Mercure de France, 1954.

CAIRNCROSS, John, *Molière bourgeois et libertin,* A.-G. Nizet, 1963.

CALDICOTT, C. E. G., *La Carrière de Molière entre protecteurs et éditeurs,* Amsterdam, Rodopi, 1998.

COLLINET, Jean-Pierre, *Lectures de Molière,* Armand Colin, 1974.

CONESA, Gabriel, *Le Dialogue moliéresque. Étude stylistique et dramaturgique,* Presses Universitaires de France, 1983.

CORVIN, Michel, *Molière et ses metteurs en scène d'aujourd'hui,* Lyon, Presses Universitaires de Lyon, 1985.

DANDREY, Patrick, *Molière et l'esthétique du ridicule,* Klincksieck, 1992.

DEFAUX, Gérard, *Molière, ou les métamorphoses du comique : de la comédie morale au triomphe de la folie*, Lexington, Kentucky, French Forum Publishers, 1980.

DESCOTES, Maurice, *Les Grands Rôles du théâtre de Molière*, Presses Universitaires de France, 1960.

DESCOTES, Maurice, *Molière et sa fortune littéraire*, Saint-Médard-en-Jalles, G. Ducros, 1970.

DUCHÊNE, Roger, *Molière*, Fayard, 1998.

FORESTIER, Georges, *Molière en toutes lettres*, Bordas, 1990.

GAXOTTE, Pierre, *Molière*, Flammarion, 1977.

GOLDSCHMIDT, Georges-Arthur, *Molière ou la liberté mise à nu*, Julliard 1973, réédition, Circé, 1997.

GRIMM, Jünger, *Molière en son temps*, collection « Biblio 17 », Paris, Seattle, Tübingen, Papers on French Seventeenth Literature, 1993.

GUICHARNAUD, Jacques, *Molière, une aventure théâtrale. « Tartuffe », « Dom Juan », « Le Misanthrope »*, Gallimard, 1963.

GUTWIRTH, Marcel, *Molière ou l'invention comique. La métamorphose des thèmes, la création des types*, Minard, 1966.

HALL, H. Gaston, *Comedy in Context : Essays on Molière*, Jackson, University Press of Mississippi, 1984.

HUBERT, Judd D., *Molière and the Comedy of Intellect*, Berkeley et Los Angeles, University of California Press, 1962.

JASINSKI, René, *Molière*, Hatier, 1969.

MONGRÉDIEN, Georges, *Recueil des textes et des documents du XVIIe siècle relatifs à Molière*, 2 vol., C.N.R.S.,

1966. (*Suppléments* par Jacques Vanuxem et Georges Mongrédien dans *XVIIᵉ siècle*, n° 98-99, 1973).

SIMON, Alfred, *Molière, une vie*, Lyon, La Manufacture, 1987.

SIMON, Alfred, *Molière*, collection « Écrivains de toujours », nouvelle édition augmentée, Éditions du Seuil, 1996.

TRUCHET, Jacques, *La Thématique de Molière*, C.D.U.-S.E.D.E.S., 1985.

Travaux sur Dom Juan

Auteurs divers, *Analyses et réflexions sur « Dom Juan »*, Ellipses, 1981.

BAREAU, Michel, « Esthétique et transaction dans le *Dom Juan* de Molière », dans *Ordre et contestation au temps des classiques*, (Colloque du C.M.R. 17, 1991), P.F.S.C.L., « Biblio 17 », t. I, 1992.

BARON, Philippe, « Sur quelques Commandeurs », *La Licorne*, 1996.

BARON, Philippe, « Sur quelques Elvire », dans *Hommages à J.-P. Collinet*, Dijon, A.B.D.O., 1992.

BLÜHER, Karl Alfred, « Le *Dom Juan* de Molière et la dramaturgie baroque » dans *Ouverture et dialogue (Mélanges Wolfgang Leiner)*, Tübingen, Gunter Narr, 1988.

BOURQUI, Claude, *Polémique et stratégie dans le « Dom Juan » de Molière*, P.F.S.C.L., « Biblio 17 », 1992.

BRUNEL, Pierre, directeur *et alii*, *Dictionnaire de Dom Juan*, Robert Laffont, « Bouquins », 1999 (les pages consacrées à Molière sont dues à Michel Bideaux).

CAMPION, Pierre, « Le caractère symbolique de la scène théâtrale dans le *Dom Juan* de Molière », *Revue d'Histoire du théâtre*, 1994.

COLLINET, Jean-Pierre, « Avatars de *Dom Juan* », *L'Information littéraire*, janvier-février 1982.

DANDREY, Patrick, *Dom Juan et la critique de la raison comique*, H. Champion, 1993.

DEFRENNE, Madeleine, « Unité scénique : la remontrance dans le *Dom Juan* de Molière », *Studi francesi*, 1982.

DELMAS, Christian, *Mythologie et mythe dans le théâtre français (1650-1676)*, Genève, Droz, 1985.

DUBU, Jean, « Dom Juan et la notion d'honnêteté chez Molière », *Le Nouveau Moliériste*, 1994.

FARRELL, Michèle-L., « Dom Juan et l'économie sociale », dans *Ordre et contestation au temps des classiques* (Colloque du C.M.R. 17, 1991), P.F.S.C.L., « Biblio 17 », t. I, 1992.

FORESTIER, Georges, « Langage dramatique et langage symbolique dans le *Dom Juan* de Molière », dans *Dramaturgies, langages dramatiques (Mélanges Jacques Scherer)*, A. G. Nizet, 1986.

GAINES, James F., « Dom Juan et les paradoxes de la rêverie », dans *Ordre et contestation au temps des classiques* (Colloque du C.M.R. 17, 1991), P.F.S.C.L., « Biblio 17 », t. I, 1992.

GENDARME DE BÉVOTTE, Georges, *La Légende de Dom Juan*, Hachette, 1906, 2 vol., (édition abrégée, Hachette, 1911, 2 vol.).

GODARD DE DONVILLE, Louise, « Dom Juan un ou multiple ? L'unité d'un personnage et ses enjeux », *Le Nouveau Moliériste*, 1994.

GOUHIER, Henri, « L'inhumain Dom Juan », *La Table Ronde*, 1964.

HALLYN, Fernand, « La dernière ruse de Dom Juan », dans *Ouverture et dialogue (Mélanges Wolfgang Leiner)*, Tübingen, Gunter Narr, 1988.

MC BRIDE, Robert, « Dom Juan ou la sécularisation de l'impénitence », dans *La Conversion au XVIIᵉ siècle* (Colloque du C.M.R. 17), Marseille, Archives Municipales, 1983.

MARY, G., « Pour une lecture anthropologique du *Dom Juan* de Molière », *L'Information littéraire*, 1990.

MASSIN, Jean, *Dom Juan mythe littéraire et musical*, Bruxelles, Complexes, 1998.

PEACOCK, Noël A., « Dom Juan ou le libertin imaginaire », *Forum for Modern Language Studies*, 1988.

PEZZARI, Serafino, *Le Mythe de Dom Juan et la comédie de Molière*, A. G. Nizet, 1986.

PINTARD René, « Les mises en scène françaises du *Dom Juan* de Molière », dans *Studi in onore di Italo Siciliano*, t. II, Florence, 1996.

POMMIER, René, « Dom Juan veut-il défier le Ciel en invitant le Commandeur ? » *Le Nouveau Moliériste*, 1994.

REICHLER, Cl., « Dom Juan jouant », *Obliques*, 1978.

ROUSSET, Jean, *Le Mythe de Dom Juan*, Armand Colin, 1978.

SCHERER, Jacques, *Sur le « Dom Juan » de Molière*, S.E.D.E S., 1967.

SELLIER, Philippe, « Dom Juan, scénario éphémère ou mythe permanent », dans *Mélanges Shackleton*, University of Cape Town, 1985.

Tobin, Ronald W., « Dom Juan et le principe du plaisir », dans *Littérature et gastronomie*, P.F.S.C.L.,
« Biblio 17 », 1985.

Truchet, Jacques, « Molière théologien dans *Dom
Juan* », *Revue d'histoire littéraire de la France*, 1972.

Table